혼자서 배우고 익히는 아주 쉬운 **독일어 문법서!**

THE 더 쉬운 독일어 문법

박일균 지음

정진출판사

머리말

외국어로서의 독일어에 대해서는 대체로 어려운 언어라는 인식이 강하다. 독일어는 학습 초기부터 암기해야 할 내용이 많으며 문법적 측면에서도 인칭변화와 어미변화가 다양하게 이루어지는 등 복잡한 구조를 가지고 있기 때문에 강의를 접하지 않고는 혼자 공부하기 어렵다. 이러한 이유로 많은 독일어 초보 학습자들은 '독일어는 독학이 매우 어렵다'라고 한다.

그러나 독일어 학습서에 강의 수준의 설명이 담겨 있다면 독일어 학습을 처음 시작하는 사람들에게도 많은 도움이 될 수 있을 것이다. 과거 필자는 각종 사이트에 독일어 학습에 필요한 정보를 제공해 왔으며 이를 토대로 가급적 많은 설명을 통한 독일어 학습서를 집필하는 데 시간을 투자했다. 이러한 가운데 탄생한 독일어 학습서가 바로 〈**The 쉬운 독일어 문법**〉이다.

이 책은 앞서 말한 풍부한 설명, 그리고 현재의 독일어 정서법을 기준으로 집필된 것이 특징이다. 또한 충분한 연습문제를 통해 실력을 향상시킬 수 있도록 돕고 있으며 기본 단어집, 기초회화 표현을 부록으로 수록하여 독일어 학습 영역을 넓혔다. 이 책은 독일어를 체계적으로 공부하고자 하는 모든 학생들, 유학생, 주재원과 그 가족, 교민들을 대상으로 하며, 각종 독일어 시험을 대비하는 수험생에게도 기초 및 중급 문법 실력을 향상시키는 데 큰 도움이 될 것으로 확신한다.

끝으로 이 책의 출판을 흔쾌히 허락하여 주신 정진출판사의 박해성 대표님과 부족한 원고를 잘 다듬어 주신 편집부 직원 여러분께 진심으로 감사의 인사를 전한다.

저자 박일균

목 차

Chapter 1. 독일어의 알파벳과 발음

1 독일어의 알파벳(Alphabet) ·· 13
2 독일어의 발음 ··· 14
    모음 ··· 15
    자음 ··· 15
■ *독일 유학 이것만 알면 된다!* 독일어 공부는 언제, 어디서 시작해야 할까?

Chapter 2. 동사의 현재인칭변화

1 규칙동사 ··· 19
2 불규칙동사 ··· 21
3 특수동사(sein, haben, werden)의 불규칙 인칭변화형 ····························· 22
    연습문제 ··· 23
■ *독일 유학 이것만 알면 된다!* 독일 대학 입학 조건 – 학사

Chapter 3. 명사의 성, 수, 격

1 명사의 성(Genus) ·· 27
    남성명사 ··· 27
    여성명사 ··· 29
    중성명사 ··· 29
    복수명사 ··· 30
    복합명사 ··· 30
2 명사의 복수 ··· 31
3 명사의 격(Kasus) ·· 32
    연습문제 ··· 34
■ *독일 유학 이것만 알면 된다!* 슈투디엔콜렉(Studienkolleg)이란?

Chapter 4. 관사

1	정관사	38
2	부정관사	39
3	무관사	39
4	부정사 kein	40
	연습문제	41
■	*독일 유학 이것만 알면 된다!* 독일 대학의 등록금	

Chapter 5. 인칭대명사

1	인칭대명사 변화표	43
2	인칭대명사의 용례	44
3	인칭대명사 2격과 소유대명사의 구분	44
4	인칭대명사의 위치	45
	연습문제	46
■	*독일 유학 이것만 알면 된다!* 독일 대학 입학 조건 중 언어능력은?	

Chapter 6. 소유대명사

1	소유대명사의 종류	49
2	소유대명사의 특징	49
3	소유대명사의 어미변화표	50
4	소유대명사의 쓰임	50
	연습문제	51
■	*독일 유학 이것만 알면 된다!* 음대와 미대 입학	

목 차

Chapter 7. 의문사

1	의문대명사 wer, was	54
2	의문대명사의 용례	54
3	welch-와 was für ein-의 용법	55
	welch-의 격변화	55
	was für ein-의 격변화	56
4	의문부사	56
	wo, woher, wohin의 쓰임	56
	wie, wann, warum의 쓰임	56
	연습문제	58

■ 독일 유학 이것만 알면 된다! 유학생 생활비는 얼마나 들까?

Chapter 8. 수사

1	기수(Grundzahlen)	61
	연도 읽는 방법	62
	연령대, 연대, 전화번호	63
	화폐 읽기	63
2	서수(Ordnungszahlen)	63
	차례나 순서	65
	날짜의 표현	65
	분수	65
3	시간 읽기	65
	연습문제	67

■ 독일 유학 이것만 알면 된다! 독일에서 아르바이트는?

Chapter 9. 복합동사

1	분리동사	70
2	비분리동사	71
3	분리-비분리동사	72
	연습문제	73
■	*독일 유학 이것만 알면 된다!* 독일에서 집 구하기	

Chapter 10. 현재완료

1	sein과 결합	76
2	haben과 결합	77
3	과거분사 형태	77
	연습문제	79
■	*독일 유학 이것만 알면 된다!* 은행 계좌 개설하기	

Chapter 11. 동사의 과거

1	규칙동사(약변화동사)	83
2	불규칙동사(강변화동사)	84
3	동사의 과거인칭변화	85
	연습문제	88
■	*독일 유학 이것만 알면 된다!* 독일 대학 지원 시기	

목차

Chapter 12. 화법조동사

1	화법조동사의 현재인칭변화	91
2	화법조동사의 용법	92
3	화법조동사의 과거형	94
	연습문제	95
■	독일 유학 이것만 알면 된다! 거주지 등록과 체류 허가	

Chapter 13. 형용사 변화

1	형용사의 용법	98
2	형용사 변화의 세 가지 유형	99
	강변화	99
	약변화	99
	혼합변화	100
3	분사적 형용사	101
4	형용사의 명사화	101
	분사적 형용사의 명사화	101
	형용사의 중성명사화	102
	연습문제	103
■	독일 유학 이것만 알면 된다! 독일 대학 수업방식	

Chapter 14. 형용사의 비교

1	원급, 비교급, 최상급의 형태	106
2	비교의 쓰임	107
3	최상급의 용법	108
	연습문제	109
■	독일 유학 이것만 알면 된다! 장학금 받을 수 있을까?	

Chapter 15. 미래형

1 　미래형의 쓰임 ·· 112
2 　미래완료 ··· 113
　　연습문제 ··· 114
■ 　*독일 유학 이것만 알면 된다!*　어학시험 TestDaF에 대하여

Chapter 16. 전치사

1 　3격 전치사 ·· 117
　　　　3격 전치사의 종류 ··· 117
2 　4격 전치사 ·· 118
　　　　4격 전치사의 종류 ··· 118
3 　3·4격 전치사 ·· 119
　　　　3·4격 전치사의 종류(장소) ·· 120
　　　　3·4격 전치사의 종류(시간) ·· 121
4 　2격 전치사 ·· 122
　　연습문제 ··· 123
■ 　*독일 유학 이것만 알면 된다!*　어학시험 DSH에 대하여

Chapter 17. 재귀동사

1 　재귀대명사의 형태 ··· 127
2 　재귀동사의 종류 ·· 128
3 　재귀대명사의 어순 ··· 129
　　연습문제 ··· 130
■ 　*독일 유학 이것만 알면 된다!*　출국 전 준비해야 할 물품은?

목 차

Chapter 18. 명령형

1 명령형의 기본 구조 ··· 133
2 명령형의 형태 ··· 133
　연습문제 ··· 135
　■ *독일 유학 이것만 알면 된다!* 한국 운전면허증을 독일 운전면허증으로 교환

Chapter 19. 지시대명사

1 지시대명사 der, die, das ··· 138
2 지시대명사 dies-, jen- ·· 139
3 지시대명사 derselbe-, dieselbe-, dasselbe-와 derjenige-, diejenige-, dasjenige- ··· 139
4 지시대명사 solch- ··· 140
　연습문제 ··· 142
　■ *독일 유학 이것만 알면 된다!* 워킹홀리데이 비자

Chapter 20. 관계대명사

1 관계대명사의 형태 ··· 144
2 관계대명사의 구조와 특징 ··· 144
3 관계대명사의 용법 ··· 145
　　관계대명사 1격 ·· 145
　　관계대명사 4격 ·· 145
　　관계대명사 3격 ·· 146
　　관계대명사 2격 ·· 146
　　전치사가 있는 관계대명사 ··· 146
4 관계부사 wo ··· 146
5 관계대명사 wer, was ··· 147
　연습문제 ··· 148
　■ *독일 유학 이것만 알면 된다!* 기숙사 신청에 관하여

Chapter 21. 수동문

1	수동문의 공식	151
2	수동문의 시제	151
3	기타 수동문의 용법	152
	man을 주어로 하는 능동문	152
	자동사의 수동	152
	화법조동사가 있는 수동문	152
	상태수동	153
	유사수동	153
	연습문제	154

■ *독일 유학 이것만 알면 된다!* 한국문화와 다른 점 (1) – 팁을 줘야 할까?

Chapter 22. 부정대명사

1	부정대명사 man, einer, keiner	157
	부정대명사의 특징	157
	부정대명사의 용법	158
2	부정대명사 jemand, niemand, jedermann, jeder	158
3	부정대명사 etwas, nichts, alle, alles	159
4	부정대명사 viele, wenige, einige	159
	연습문제	160

■ *독일 유학 이것만 알면 된다!* 한국문화와 다른 점 (2) – 식당, 화장실

Chapter 23. 접속사

1	등위접속사	162
2	종속접속사	163
3	접속부사	165
	연습문제	166

■ *독일 유학 이것만 알면 된다!* 독일의 직업학교에 대하여

목차

Chapter 24. 부문장

1 dass 구문 ··· 169
2 zu 부정법 ··· 170
　　분리동사의 zu 부정법 ··· 170
　　비분리동사의 zu 부정법 ··· 171
3 의문사가 있는 부문장 ··· 171
　연습문제 ·· 172
■ *독일 유학 이것만 알면 된다!* 　독일 대학 순위

Chapter 25. 접속법

1 접속법 2식 ··· 175
　　접속법 2식의 인칭변화 ··· 175
　　접속법 2식의 특징 ··· 176
　　접속법 2식의 용법 ··· 177
　　접속법의 시제 ·· 178
2 접속법 1식 ··· 178
　　접속법 1식의 인칭변화 ··· 178
　　접속법 1식의 용법 ··· 179
　　접속법 1식의 시제 ··· 180
　연습문제 ·· 181
■ *독일 유학 이것만 알면 된다!* 　독일에서 인종차별이 존재할까?

부록

1 독일어 불규칙변화 동사표 ·· 186
2 기본 단어 ··· 194
3 생활 독일어 회화 ·· 210

■ **연습문제 해답** ·· 226

Chapter 1

독일어의 알파벳과 발음

1. 독일어의 알파벳(Alphabet)

독일어의 알파벳은 영어와 같은 26개의 자모에 변모음(ä, ö, ü)과 에스체트(ß)가 추가되어 총 30개이다. 발음기호를 통해 독일어의 알파벳을 익히도록 하자.

대문자	소문자	발음	발음기호
A	a	ɑ:	[ɑ]
B	b	be:	[b], [p]
C	c	tse:	[ts], [k] ch의 경우 [ç], [x]
D	d	de:	[d], [t]
E	e	e:	[e]
F	f	ɛf	[f]
G	g	ge:	[g], [ç], [k]
H	h	hɑ:	[h]
I	i	i:	[i]
J	j	jɔt	[j]
K	k	kɑ:	[k]

L	l	ɛl	[l]
M	m	ɛm	[m]
N	n	ɛn	[n]
O	o	o:	[o], [ɔ]
P	p	pe:	[p]
Q	q	ku:	[kv]
R	r	ɛr	[r], [R], [ʁ]
S	s	ɛs	[s], [z]
T	t	te:	[t]
U	u	u:	[u], [ʊ]
V	v	faʊ	[f], [v]
W	w	ve:	[v]
X	x	iks	[ks]
Y	y	Ýpsilɔn	[y]
Z	z	tsɛt	[ts], [z]
Ä	ä	A-Umlaut	[ɛ]
Ö	ö	O-Umlaut	[ø], [œ]
Ü	ü	U-Umlaut	[y], [ʏ]
	ß	ɛs-'tsɛt	[s]

2. 독일어의 발음

독일어의 발음은 비교적 쉽다. 영어의 모음이 다양한 소리를 내는 것과는 달리 독일어의 모음은 기본적으로 각각 하나의 소리를 내기 때문에 기본음만 알면 어떠한 단어도 발음할 수 있다. 즉, 몇 가지 예외만 제외하면 독일어는 매우 규칙적이고 정해진 법칙에 따라 발음된다.

다음 독일어의 알파벳을 어떻게 나누고 각 모음과 자음들이 어떻게 발음되는지 살펴보자. (발음을 익힐

때는 발음기호로 습득하는 것이 좋으나 여기서는 완전 초보자에게도 이해를 더 쉽게 하기 위해 한글 표기를 했다.)

모음

독일어의 모음은 단모음과 중모음, 복모음, 그리고 변모음으로 이루어져 있다.

1) **단모음(a, e, i, o, u)**
   단모음 a, e, i, o, u는 각 하나의 음을 내기 때문에 각각 [아, 에, 이, 오, 우]로 발음한다.
   예 Tafel[타-펠], Mutter[무터], Tiger[티-거]

   *모음의 장음과 단음
      단자음 앞의 모음은 긴 음(장음)으로 발음하고, 복자음 앞의 모음은 짧은 음(단음)으로 발음한다.
      단, h 앞의 모음은 장음이다.(fahren: 장음)

2) **중모음(aa, oo, ee)**
   중모음은 같은 모음 두 개가 연속된 것이므로 각 음대로 발음하되 장음으로 길게 처리한다.
   예 Boot[보-오-트], Meer[메-에-어]

3) **복모음(au, ei, ai, ey, ay, eu, äu, ie)**
   복모음은 서로 다른 모음이 연속된 형태로 다음과 같이 발음한다.
   예 **au**[아우] : Haus[하우스], Auto[아우토]
      ei, ai, ey, ay[아이] : bei[바이], Mai[마이], Meyer[마이어], Bayern[바이에른]
      eu, äu[오이] : neu[노이], Häuser[호이저]
      ie[이에][이-] : Familie[파밀리에], Liebe[리-베]

4) **변모음(ä, ö, ü)**
   변모음은 ä[아+ㅣ= 애], ö[오+ㅣ= 외], ü[우+ㅣ= 위]로 발음하며, 표기 시에는 ae, oe, ue로 풀어 쓸 수도 있다.
   예 **ä**[애] : Käse[캐제]
      ö[외] : König[쾨니히]
      ü[위] : müde[뮈데]

자음

1) **b, d**
   b와 d는 단어의 처음이거나 모음 앞에서는 본래 음대로 [b]와 [d]로 발음되지만 맨 마지막에 위치할 때

에는 각각 [p]와 [t]로 발음된다.
- **예** Berlin[베를린], halb[할프], Doktor[독토어], Geld[겔트]

2) ch

ch는 크게 두 가지의 발음이 있다. 모음 a, o, u 다음에 ch가 오면 목구멍에서 [흐] 하고 내뱉는 발음이 나지만, 그 밖의 경우는 앞니 사이로 강하게 내뱉는 [히] 또는 [씨]에 가깝게 발음된다.
- **예** ch 앞에 a, o, u가 있을 때 : Buch[부흐], noch[노흐]
  그 외의 경우 : ich[이히], Becher[베혀]

3) h

h 발음은 단어의 처음에 위치할 때만 [h] 음이 살아나며 그 외의 경우는 일반적으로 묵음이 된다. h 앞에 모음이 올 경우 그 모음은 장음이 된다.
- **예** Hand[한트], gehen[게-엔], weh[붸-에]

4) j

독일어에서 j는 [즈]가 아니라 [이]로 발음된다. 즉, ja는 [야], ju는 [유]가 되는 것이다.
- **예** jung[융-]

5) r

r 발음은 l과 구별해 주어야 한다. 단어 첫 r는 목구멍에서부터 굴려주는 발음이 되며, r로 끝나는 실제 발음은 [-어]에 가깝게 들린다.
- **예** Rose[로제], der[데어]

6) s

s는 모음 앞에서 [z]로 발음되며 그 밖의 경우는 [s]로 발음된다.
- **예** [z] : Rose[로제], sie[지-]
  [s] : los[로스]

7) sch

이 발음은 영어의 [sh]를 발음할 때 나는 소리와 비슷하다. [슈], 혹은 [쉬]로 발음한다.
- **예** Schule[슐-레], schön[쉐엔]

8) sp, st

sp-나 st-로 시작하는 단어에서의 s는 [스]가 아닌, [슈]로 발음한다.
- **예** sprechen[슈프레헨], Spiel[슈피-일]
  studieren[슈투디렌], Stock[슈톡]

9) ß

[에스체트]라고 하는 이 음은 처음엔 sz로 시작되었으나 현대독일어에서는 ss로 표기해 준다. 맑고 강한 [s] 발음이 되어 [쓰]로 소리가 난다.

예 schließen[슐리-쎈], daß[다쓰]

10) v

독일어의 v는 기본적으로 [f] 발음으로 해주며 아랫입술과 윗니 사이로 내뱉으며 [프]라고 발음한다. 하지만 외래어에서 온 단어는 [v] 음이 그대로 살아난다.

예 Vater[파-터], Vase[봐제]

11) w

w는 영어의 [w]와 구별을 해준다. 독일어의 w는 [v] 발음으로, 아랫입술과 윗니 사이로 [브]라고 발음한다. 입술끼리 소리를 내는 b[브]와는 차이가 있다.

예 Woche[보헤], werden[베어덴]

12) z

[쯔]와 [츠]의 중간발음이나 [츠]에 가깝게 들린다. 윗니와 아랫니에 혀를 대고 떼면서 강하게 [츠]라고 발음한다.

예 Zeitung[차이퉁], Tanz[탄츠]

독일 유학, 이것만 알면 된다!

독일어 공부는 언제, 어디서 시작해야 할까?

독일 유학을 목적으로 한다면 독일어 공부는 언제, 어디서 시작해야 할까? 어학의 학습은 개인별, 상황별 차이가 있기 때문에 이 질문에 대한 모범답안은 없다. 하지만 독일에서 정식 대학에 등록하기 전까지의 독일어 학습은 많은 독일 유학 경험자들이 추천하고 있듯이 한국에서 절반 정도, 나머지 반은 독일에서 하는 것이 좋다. 왜냐하면 한국에서 독일어를 준비하지 않은 상태에서는 독일에서 직접 원어민이 지도하는 독일어를 소화시키기 어렵기 때문이며, 또 하나의 이유는 한국에서의 어학 학습기간이 너무 길어지면 독일에서 본격적으로 시작하는 데 방해요소로 작용할 수도 있기 때문이다.

독일어 전공자가 아니라면 한국에서의 독일어 공부는 6개월~1년 정도가 적당하며 이 기간 내에 B1 수준의 어학시험에 도전하는 것도 의미가 있다. 독일에서 정식으로 대학생이 되려면 DSH나 TestDaF 등 공히 C1 수준의 어학시험에 합격해야 하므로 이에 대한 준비는 현지에서 하는 것이 좋다. 유학 가자마자 바로 입학한다고 해서 바로 독일어로 진행되는 교수의 강의를 이해하기란 어렵다. 때문에 독일에서 일정 기간 학습하는 어학과정을 통해 대학생활과 연계감을 갖는 것이 좋다고 할 수 있다.

한국에서의 독일어 준비는 학원 강의와 개인 학습을 병행하도록 한다. 중간에 학습을 쉬는 기간이 있다면 실력 향상이 더디게 되므로 꾸준히 쉬지 않고 학습하는 것이 중요하다. 독일에서는 자신이 입학할 대학에서 제공하는 어학과정에 등록하여 다니는 것이 가장 좋다고 할 수 있다. 괴테어학원 등 사설 어학원은 수업료가 매우 비싸지만 대학 측에서 제공하는 어학과정은 대체로 무료이거나 저렴한 수업료만 내면 되기 때문이다.

Chapter 2

동사의 현재인칭변화

독일어를 처음 시작하는 초보자가 발음 공부를 마치면 관사와 더불어 학습해야 하는 것이 바로 동사의 현재인칭변화이다. 독일어의 모든 동사는 주어의 인칭(人稱)과 수(數)에 따라 그 어미가 변화한다. 여기서 수는 단수와 복수를 말한다. 또한 독일어의 거의 모든 동사는 원형이 -en으로 끝난다.

독일어의 동사는 어간(Stamm)과 어미(Endung)로 이루어져 있으며, 동사의 기본형에서 -en을 뺀 나머지 부분을 어간, -en 부분을 어미라고 한다.

동사의 기본 구조	어간	어미(-en)
예) lieb**en**(사랑하다)	lieb	**en**

예를 들어 lieben(사랑하다)에서 동사의 어간은 lieb, 그리고 -en은 어미가 된다. 동사의 인칭변화는 바로 어미가 변화한다는 뜻이며, 불규칙동사의 경우는 어간의 모음도 변화한다. 동사는 인칭변화의 형태에 따라 규칙동사와 불규칙동사로 나뉜다.

1. 규칙동사

규칙동사는 주어의 인칭과 수에 따라 다음과 같이 변화한다.

	단수(Sg.)		복수(Pl.)	
1인칭	ich	-e	wir	-en
2인칭	du	-st	ihr	-t
3인칭	er / sie / es	-t	sie / Sie	-en

1) 위의 도표에 따라 lieben(사랑하다)을 인칭에 맞게 변화시키면 다음과 같다.

	단수(Sg.)		복수(Pl.)	
1인칭	ich	lieb**e**	wir	lieb**en**
2인칭	du	lieb**st**	ihr	lieb**t**
3인칭	er / sie / es	lieb**t**	sie / Sie	lieb**en**

2) 하지만 어간이 -t, -d, -chn, -ckn, -fn, -gn, -dm, -tm으로 끝나는 동사는 단수 2인칭, 단수 3인칭, 복수 2인칭에서 발음상의 이유로 **-e**를 첨가한다.

	arbeiten	**reden**	**rechnen**
ich	arbeit**e**	red**e**	rechn**e**
du	arbeit**est**	red**est**	rechn**est**
er / sie / es	arbeit**et**	red**et**	rechn**et**
wir	arbeit**en**	red**en**	rechn**en**
ihr	arbeit**et**	red**et**	rechn**et**
sie / Sie	arbeit**en**	red**en**	rechn**en**

이와 같은 규칙을 따르는 동사는 arbeiten(일하다), reden(말하다), rechnen(계산하다), atmen(호흡하다), begegnen(만나다) 등이 있다.

3) 또한 동사가 -s, -ß, -z, -tz, -x와 같은 치음으로 끝난 경우, 단수 2인칭 du에서 -st를 붙일 때 s 음이 중복되므로 s를 하나 생략한다. 이와 같은 규칙을 따르는 동사는 reisen(여행하다), heißen(~라고 불리다), tanzen(춤추다) 등이 있다.

	reisen	**heissen**	**tanzen**
ich	reis**e**	heiß**e**	tanz**e**
du	reis**t**	heiß**t**	tanz**t**
er / sie / es	reis**t**	heiß**t**	tanz**t**
wir	reis**en**	heiß**en**	tanz**en**
ihr	reis**t**	heiß**t**	tanz**t**
sie / Sie	reis**en**	heiß**en**	tanz**en**

4) -eln으로 끝난 동사는 단수 1인칭에서 어간 부분의 e를 하나 생략해 주며, 복수 1인칭과 3인칭에서는 어미의 e 하나를 생략해준다. 이와 같은 규칙을 따르는 동사는 sammeln(모으다) 등이 있다.

	sammeln
ich	sammle
du	sammelst
er / sie / es	sammelt
wir	sammeln
ihr	sammelt
sie / Sie	sammeln

2. 불규칙동사

1) 규칙동사와 달리 불규칙적으로 어미변화를 하는 모든 동사들을 불규칙동사라 한다. 불규칙동사는 주로 단수 2인칭과 3인칭에서 어간의 모음이 변화하게 되며, 복수에서는 일반적으로 규칙동사와 같은 규칙 변화를 따른다.

주요 불규칙동사의 현재인칭변화를 살펴보자.

	e → i		e → ie		a → ä	au → äu	i → ei
	geben	helfen	lesen	sehen	fahren	laufen	wissen*
ich	gebe	helfe	lese	sehe	fahre	laufe	weiß
du	gibst	hilfst	liest	siehst	fährst	läufst	weißt
er / sie / es	gibt	hilft	liest	sieht	fährt	läuft	weiß
wir	geben	helfen	lesen	sehen	fahren	laufen	wissen
ihr	gebt	helft	lest	seht	fahrt	lauft	wisst
sie / Sie	geben	helfen	lesen	sehen	fahren	laufen	wissen

2) 단수 2인칭과 3인칭에서 어간이 불규칙 변화하는 동사의 유형을 다음과 같이 분류할 수 있다.

e → i로 변하는 동사	geben(주다), helfen(돕다), nehmen(받다), sprechen(말하다), brechen(깨다), essen(먹다), sterben(죽다)
e → ie로 변하는 동사	lesen(읽다), sehen(보다), empfehlen(추천하다)
a → ä로 변하는 동사	fahren(~을 타고 가다), schlafen(잠을 자다), laden(싣다), fangen(잡다), schlagen(때리다)
au → äu로 변하는 동사	laufen(뛰다)

*단수 2, 3인칭 뿐만 아니라 단수 1인칭까지 불규칙 변화하는 동사 : wissen(알다), 화법조동사

3) 불규칙동사의 단수 2, 3인칭 형태는 기본적으로 외우는 수밖에 없다. 거의 모든 문법서나 독일어 사전의 뒷부분에 불규칙동사 변화표가 수록되어 있으므로 자주 쓰이는 것들만 모아 현재인칭변화의 형태를 암기하는 것이 좋다. 이 책의 부록에 나오는 불규칙동사 변화표를 활용하여 변화형을 익히도록 하자.

3. 특수동사(sein, haben, werden)의 불규칙 인칭변화형

	sein	haben	werden
ich	bin	habe	werde
du	bist	hast	wirst
er / sie / es	ist	hat	wird
wir	sind	haben	werden
ihr	seid	habt	werdet
sie / Sie	sind	haben	werden

1) 특수동사는 불규칙동사 중에서도 쓰임이 많은 **sein, haben, werden** 동사를 일컫는다. 불규칙동사처럼 단수 2인칭과 3인칭에서 어간이 불규칙적으로 변화하지만, **sein** 동사의 경우는 단수·복수의 모든 인칭에서 불규칙 변화한다.

2) 특수동사는 본동사로 쓰일 수 있으나 대부분의 경우 조동사로 쓰인다.

본동사로서의 쓰임	조동사로서의 쓰임
Ich **bin** krank. 나는 아프다.	Ich **bin** zur Schule gegangen. 나는 학교에 갔다. (완료조동사)
Ich **habe** Angst. 나는 두려움을 가지고 있다.	Ich **habe** mein Auto repariert. 나는 내 차를 수리했다. (완료조동사)
Ich **werde** Arzt. 나는 의사가 된다.	Ich **werde** gesund leben. 나는 건강하게 살 것이다. (미래조동사)

연습문제

A. 보기와 같이 주어진 동사를 문장에 맞게 인칭변화 시켜 봅시다.

> 보기 gehen : Ich <u>gehe</u> nach Hause.

1) machen : Was _____ du am Wochenende?
2) schreiben : Das Mädchen _____ einen Brief.
3) reservieren : Petra und Frank _____ Flugtickets.
4) kommen : Woher _____ ihr?
5) bestellen : Wir _____ alles im Internet.
6) arbeiten : Wo _____ du?
7) reisen : Meine Tante _____ oft nach Italien.
8) sammeln : Ich _____ alte Münzen.
9) nehmen : _____ du heute den Bus?
10) lesen : Mein Freund _____ oft den Roman.
11) fahren : Das Auto _____ schnell.
12) wissen : Ich _____ es nicht viel.
13) sein : Martha und Karl, wo _____ ihr denn?
14) haben : Wann _____ du Geburtstag?
15) werden : Meine Mutter _____ dieses Jahr 50!

B. 보기와 같이 단어들을 순서에 맞게 현재인칭변화 시켜 문장을 완성해 봅시다.

> 보기 Karl – schreiben – eine E-Mail → <u>Karl schreibt eine E-Mail.</u>

1) ein Kleid – ich – kaufen

   _____.

연습문제

2) im Garten – du – arbeiten
   _____.

3) Onkel Paul – lesen – einen Roman
   _____.

4) nach Paris – ihr – reisen
   _____.

5) Max – mit seiner Schwester – telefonieren
   _____.

6) Thomas und Christine – einen Kuchen – backen
   _____.

7) Oma – ein Taxi – nehmen
   _____.

8) fahren – Susan – zum Hauptbahnhof
   _____.

9) durch den Park – sie – laufen
   _____.

10) er – wissen – nichts
    _____.

11) die Sekretärin – mit Kunden – sprechen
    _____.

12) der Lehrer – auf mich – warten
    _____.

연습문제

C. 보기와 같이 순서에 맞게 현재인칭변화 시켜 문장을 만들어 봅시다.

> 보기 Valentin – sein – krank → Valentin ist krank.

1) Franz – wieder – gesund – werden

   _____.

2) du – haben – Geld – viel

   _____.

3) wo – ihr – sein – denn

   _____?

4) fertig – du – sein – wann

   _____?

5) werden – ihr – schon – müde

   _____?

6) haben – du – den Reisepass

   _____.

독일 유학, 이것만 알면 된다!

독일 대학 입학 조건 - 학사

독일 대학의 학사(Bachelor) 과정에 지원할 수 있는 한국인의 학력 조건은 수능 성적 평균이 62%(400점 만점의 경우 248점 이상) 또는 4.4등급 이상이다. 또한 내신 성적에서 3년간 주요 과목에 8, 9등급이 없어야 한다. 주요 과목인 언어, 외국어, 수학, 생물·화학·물리 중 한 과목이 위의 두 조건을 모두 만족시키면, 수능시험 해당 계열과 동일한 계열의 학과로 바로 지원할 수 있다. 그러나 현재 문과 학생의 경우 고등학교 3년간 과학 성적을 증명할 수 없기 때문에 고등학교 졸업 후 바로 독일 대학 진학은 불가능하다.

이러한 학력 조건을 채우지 못한 경우(예를 들면 고등학교 성적 또는 수능 성적 미달, 검정고시 합격자, 수시로 합격하여 수능 성적이 없는 경우 등)에는 한국에서 대학·대학교(2, 3년제)를 2년 이상 다니고 70학점 이상 이수, 또는 종합대학(4년제)을 1년 이상 다니고 35학점 이상을 이수한 뒤 독일의 대학 예비자 과정(Studienkolleg)으로 진학하여 독일 대학 입학을 타진할 수 있다.

또한 한국에서 4년제 종합대학을 2년 이상 다니고 70학점 이상 이수한다면 독일 대학에서 같은 전공계열로 진학이 가능하다. 만일 독일 정부가 인정하는 4년제 종합대학을 졸업하고 학사학위를 취득한 경우에는 전공을 바꿔 지원이 가능하다. 물론 이 경우에는 독일에서 학부 1학년부터 다시 시작해야 한다. 독일 정부가 인정하는 대학은 http://anabin.kmk.org에서 확인이 가능하다.

Chapter 3

명사의 성, 수, 격

1. 명사의 성(Genus)

독일어의 명사는 의사소통 시 내용 전달을 위한 중요한 역할을 하며, 명사의 **성**(Genus), **수**(Nummerus), **격**(Kasus)에 따라 문장 내에서의 역할 또한 다르다. 독일어의 모든 명사는 각기 고유한 성을 가지고 있으며 다른 언어와는 달리 첫 알파벳을 반드시 대문자로 써야 하는 특징도 가지고 있다. 명사의 성은 남성과 여성, 그리고 중성으로 나뉘고, 성에 따라서 관사도 달리한다. 일반적으로 명사 앞에 관사가 위치한다.

예 der Baum = der(관사)+Baum(명사) [뜻 : 나무]

독일어의 명사	특징
	1. 명사는 고유한 성을 가지고 있다. 2. 명사의 첫 알파벳을 대문자로 표기한다. 3. 명사의 성은 남성, 여성, 중성으로 나뉘며 관사 der, die, das로 구분한다.

기본적으로 중요한 명사들은 그 뜻과 더불어 성을 외워야 한다. 그러나 독일인들조차 명사의 성을 다 알고 있지 못할 정도로 모든 명사의 성을 익히기란 어렵다. 단, 어느 정도의 규칙을 이해한다면 명사의 성을 익히는 데 도움은 될 수 있다. 명사를 항상 관사와 함께 익히도록 하자.

남성명사

1) 실제로 그 단어가 뜻하는 내용이 남성이나 남성적인 것, 혹은 직업명
   예 der Vater(아버지), der Hund(개), der Koch(요리사)

2) 요일명, 월명, 계절명 등 시간적 의미의 명사
   예 der Sonntag(일요일), der Mai(5월), der Sommer(여름)

3) 날씨와 관련된 명사들의 대부분
   예 der Regen(비), der Schnee(눈), der Sturm(폭풍)

4) 동사의 어간으로 만든 명사들의 대부분
   예 tanzen(춤추다) 〉 der Tanz(춤), anfangen(시작하다) 〉 der Anfang(시작)
   *예외 : arbeiten(일하다) 〉 die Arbeit(일, 노동), spielen(놀다) 〉 das Spiel(놀이)

5) 술의 종류와 이름
   예 der Wein(포도주), der Wodka(보드카)
   *예외 : das Bier(맥주)

6) **-er**, **-el**, **-en**, **-et**로 끝나는 명사의 대부분
   예 der Computer(컴퓨터), der Apfel(사과), der Garten(정원), der Planet(행성)
   *예외 : die Nummer(번호), die Tafel(칠판), das Paket(소포)

7) 다음 어미로 끝나는 모든 명사

어미	예	뜻
-and	der Doktorand	박사과정 학생
-ant	der Elefant	코끼리
-ent	der Student	대학생
-eur	der Ingenieur	기술자
-ismus	der Naturalismus	자연주의
-ist	der Pianist	피아니스트
-or	der Professor	교수
-ig	der König	왕
-at	der Soldat	군인
-ich	der Stich	상처
-ling	der Liebling	애인
-g, -pf로 끝나는 단음절 명사	der Tag der Topf	날, 낮 냄비

여성명사

1) 명사가 뜻하는 내용이 여성이나 여성적인 것
   예 die Mutter(어머니), die Katze(고양이)
   *예외 : das Mädchen(소녀)

2) **-e, -ie**로 끝난 명사의 대부분
   예 die Blume(꽃), die Schule(학교), die Sonne(태양), die Reise(여행), die Familie(가족)
   *예외 : der Knabe(소년), der Käse(치즈), das Gemälde(그림)

3) 다음 어미로 끝나는 모든 명사

-ei	die Zauberei	마법
-ung	die Zeitung	신문
-heit	die Freiheit	자유
-keit	die Freundlichkeit	친절
-ur	die Kultur	문화
-schaft	die Gesellschaft	사회
-ion	die Nation	국가
-tät	die Universität	대학
-ik	die Musik	음악

4) 직업을 나타내는 남성명사에 **-in**을 붙여 여성을 만드는 경우
   예 die Lehrerin(여선생), die Studentin(여학생)

5) 동사에서 파생되어 **-t**로 끝난 명사
   예 fahren(타고 가다, 운전하다) 〉 die Fahrt(여행, 운행), sehen(보다) 〉 die Sicht(시각, 관점)

중성명사

1) 내용상 남성이나 여성으로 구분짓기 어려운 성질의 것
   예 das Kind(아이), das Haus(집)

2) 지명, 국가명의 대부분(중성 지명을 쓸 때는 관사를 붙이지 않는다.)
   예 Deutschland(독일), Korea(한국)
   *여성 국가명은 관사를 사용 : die Schweiz(스위스), die Türkei(터키)

3) 동사 자체가 명사화된 경우
   예 essen(먹다) > das Essen(음식)

4) 형용사가 명사화된 것
   예 das Schöne(아름다운 것), das Böse(사악한 것)

5) 다음 어미로 끝나는 모든 명사

-chen	das Mädchen	소녀
-lein	das Fräulein	처녀
-um	das Museum	박물관
Ge—e	das Gebäude	건물

6) **-ma**, **-ment**로 끝나는 명사의 대부분
   예 das Klima(기후), das Instrument(악기)
   *예외 : die Firma(회사), der Moment(순간)

7) 대부분의 외래어
   예 das Hotel(호텔), das Restaurant(식당), das Telefon(전화), das Hobby(취미)

복수명사

복수명사는 의미상 둘 이상의 수를 나타내거나 단수 취급하기 어려운 성질의 명사를 뜻하며, 복수로만 처리하여 명사 앞에 복수관사 1격 die로 표기한다.
   예 die Eltern(부모님), die Geschwister(형제 자매), die Ferien(방학), die Leute(사람들), die Kosten(비용)

복합명사

둘 이상의 명사가 합쳐 하나의 명사가 완성될 경우, 이를 복합명사, 혹은 합성명사라고 한다. 복합명사는 뒷 명사의 성을 따르며, 명사와 명사 사이에 s를 붙이는 경우도 있다.

das Haus(집) der Wein(포도주) die Liebe(사랑) der Geburt(탄생)	+	die Frau(여자, 부인) das Glas(컵, 잔) der Brief(편지) der Tag(날)	=	**die Hausfrau(가정주부)** **das Weinglas(포도주잔)** **der Liebesbrief(연애편지)** **der Geburtstag(생일)**

2. 명사의 복수

명사의 단수형을 복수형으로 만드는 방법은 다음과 같이 크게 다섯 가지가 있다.

1) 단수의 형태와 복수의 형태가 같은 경우
2) 단수에 -e를 추가하여 복수를 만드는 경우
3) 단수에 -er를 추가하여 복수를 만드는 경우
4) 단수에 -n 혹은 -en을 추가하여 복수를 만드는 경우
5) 단수에 -s를 추가하여 복수를 만드는 경우

이를 종합하여 도표로 만들면 다음과 같다.

복수어미	단수	복수	특징
— 변모음 추가	das Zimmer	die Zimmer	남성이나 중성명사 중에서 어미가 -er, -el, -en으로 끝난 명사들, 혹은 -chen, -lein으로 끝난 중성 명사. 모음 a, o, u가 복수에서 ä, ö, ü로 변모음화될 수 있음.
	der Fehler	die Fehler	
	das Fenster	die Fenster	
	der Apfel	die Äpfel	
	der Vater	die Väter	
-e 변모음 추가	der Brief	die Briefe	많은 남성, 중성 단음절 명사. 단음절 여성명사는 변모음을 추가하여 복수형을 만듦.
	der Freund	die Freunde	
	das Heft	die Hefte	
	die Wand	die Wände	
	die Maus	die Mäuse	
-er 변모음 추가	das Kind	die Kinder	중성, 혹은 남성명사. 가능할 경우 변모음 추가.
	das Bild	die Bilder	
	das Wort	die Wörter	
	der Mann	die Männer	
	der Wald	die Wälder	
-(e)n	die Lampe	die Lampen	많은 여성명사들, 혹은 약변화 남성명사.
	die Blume	die Blumen	
	die Frau	die Frauen	
	die Antwort	die Antworten	
	der Student	die Studenten	
-s	das Auto	die Autos	외래어, 혹은 -o로 끝난 중성명사들 대부분.
	das Hotel	die Hotels	
	das Taxi	die Taxis	

das Museum(박물관), die Firma(회사), die Studentin(여대생)의 복수 형태는 특수한 경우에 해당한다.

das Museum	die Mus**een**
die Firma	die Firm**en**
die Studentin	die Studentin**nen**

3. 명사의 격(Kasus)

격(Kasus)은 문장 내에서의 기능을 뜻한다. 즉, 문장 내에서 어느 하나의 명사가 주어로 쓰였는지 혹은 목적어로 쓰였는지 알 수 있게 한 것이 바로 격이다. 독일어 명사의 격은 1격(주격, Nominativ), 2격(소유격, Genitiv), 3격(여격, Dativ), 4격(목적격, Akkusativ)으로 나뉜다. 격에 대한 특징은 다음과 같다.

특징
1. 격은 주로 관사의 형태로 구분된다.(der Vater, des Vaters, dem Vater, den Vater) 2. 남성과 중성의 단수 2격 명사 뒤에는 -(e)s가 붙는다.(des Baum**es**, des Kind**es**, des Kuchen**s**, des Auto**s**) 3. 복수명사 3격 뒤에는 -n이 붙는다.(den Bäume**n**, den Kinder**n**)

이를 도표로 나타내면 다음과 같다.

	남성(m.)	여성(f.)	중성(n.)	복수(pl.)
1격(주격)	der Vater	die Mutter	das Kind	die Kinder
2격(소유격)	des Vaters	*der Mutter	des Kindes	der Kinder
3격(여격)	dem Vater	der Mutter	dem Kind	**den Kindern
4격(목적격)	den Vater	die Mutter	das Kind	die Kinder

*여성 2격은 명사변화가 없다.
**복수 3격 뒤에는 이와 같이 -n이 붙지만, -s를 붙여서 복수를 만드는 명사는 복수 3격에 -n을 붙이지 않는다.(den Autos)

격을 결정하는 것은 주로 동사, 혹은 전치사이다. 다음 문장에서 명사의 격이 어떻게 쓰이는지 알아보자.

1) 동사가 격을 결정하는 경우

예 Der Vater des Kindes gibt*der Mutter ein Geschenk. 그 아이의 아버지가 어머니에게 선물을 준다.
 der Vater(아버지가) : 남성 1격(주격) – 주어 역할
 des Kindes(그 아이의) : 중성 2격(소유격) – 소유 의미를 담은 보충어 역할
 der Mutter(어머니에게) : 여성 3격(여격) – 간접목적어 역할
 ein Geschenk(선물을) : 중성 4격(목적격) – 직접목적어 역할
 *gibt의 원형인 geben(주다)은 수여동사로서 3격과 4격 목적어를 수반한다.

2) 전치사가 격을 결정하는 경우

예 Er fährt mit dem Auto. 그는 자동차를 타고 간다.

　　　　　mit : 3격 지배전치사*

　　　　　dem Auto : 중성 3격

*3격 지배전치사란 3격 명사를 반드시 수반해야 하는 전치사라는 의미이다.(전치사에 대해서는 〈Chapter 16. 전치사〉편 참조)

❀ 독일 속담에 대해 알아볼까요?

· Wie du mir, so ich dir.
　가는 말이 고와야 오는 말이 곱지.

· Dienst ist Dienst, und Schnaps ist Schnaps.
　공은 공, 사는 사

연습문제

A. 보기와 같이 다음 명사의 성에 맞도록 알맞은 관사를 써넣어 봅시다.

보기   der Tag   das Zimmer   die Sprache   der Onkel

1) ____ Schule	____ Buch	____ Post	____ Baum
2) ____ Student	____ Frau	____ Zug	____ Auto
3) ____ Wohnung	____ Hand	____ Stuhl	____ Nase
4) ____ Dorf	____ Handy	____ Tisch	____ Haus
5) ____ Stadt	____ Himmel	____ Kind	____ Essen
6) ____ Studentin	____ Bruder	____ Reise	____ Dach
7) ____ Büro	____ Musik	____ Natur	____ Bleistift
8) ____ Firma	____ Gruppe	____ Kino	____ Photo
9) ____ Salat	____ Liebe	____ Sonne	____ Regen
10) ____ Tasse	____ Gabel	____ Raum	____ Nacht
11) ____ Freude	____ Gerät	____ Meer	____ Teller
12) ____ Glück	____ Glas	____ Termin	____ Brief
13) ____ Ankunft	____ Station	____ Urlaub	____ Ärger
14) ____ Problem	____ Arbeit	____ Beruf	____ Schönheit
15) ____ Kultur	____ Einladung	____ Montag	____ Schnee
16) ____ Besuch	____ Fräulein	____ Märchen	____ Regisseur
17) ____ Sicht	____ Sauberkeit	____ Gesellschaft	____ Lehrling
18) ____ Anfang	____ Tante	____ Zeit	____ Studium
19) ____ Gemälde	____ U-Bahn	____ Bäckerei	____ Unfall
20) ____ Lektion	____ Wind	____ Mensa	____ Sekretärin
21) ____ Schlüssel	____ Fach	____ Fahrt	____ E-Mail

연습문제

B. 보기와 같이 명사의 성을 구분하여 복합어를 완성해 봅시다.

> 보기: das Zimmer (방) + der Schlüssel (열쇠) = der Zimmerschlüssel (방 열쇠)

1) ____ Kaffee (커피) + ____ Tasse (잔) = _____ (   )
2) ____ Reise (여행) + ____ Büro (사무실) = _____ (   )
3) ____ Glück (행복) + ____ Gefühl (감정) = _____ (   )
4) ____ Auto (자동차) + ____ Schlüssel (열쇠) = _____ (   )

C. 보기와 같이 다음 명사의 복수 형태를 써넣어 봅시다.

> 보기: der Tisch: die Tische

1) das Buch: _____
2) die Karte: _____
3) die Tochter: _____
4) der Vater: _____
5) der Fuss: _____
6) das Bild: _____
7) der Mensch: _____
8) die Firma: _____
9) das Museum: _____
10) die Lehrerin: _____
11) der Satz: _____
12) der Doktor: _____
13) der Stuhl: _____

연습문제

14) die Regel: _____

15) das Hobby: _____

D. 보기와 같이 밑줄 친 부분에 들어갈 명사를 정관사와 함께 써넣어 격을 완성해 봅시다.

> 보기 Ich antworte <u>dem Lehrer</u>. (Lehrer)

1) Ich suche _____. (Wörterbuch)

2) Er liest _____. (Zeitung)

3) Sie hilft _____. (Mutter)

4) Du fragst _____. (Lehrerin)

5) Wir schenken _____ (Chef) ein Buch.

6) Ich gebe _____ (Kind의 복수) Geschenke.

7) Der Vater _____ (Schüler) ist Arzt.

8) Die Schülerin fährt mit _____. (Fahrrad)

독일 유학, 이것만 알면 된다!

슈투디엔콜렉(Studienkolleg)이란?

한국에서 대학 진학을 하지 않고 수능시험만 보았거나, 검정고시를 보았을 경우, 혹은 기타 이유에서 독일 대학에 직접 입학하기에 자격이 충분하지 않은 경우에는 여러 독일 대학에서 제공하는 대학 예비자 과정인 슈투디엔콜렉(Studienkolleg) 과정에 등록하여 독일 대학 입학자격을 갖출 수 있다. 슈투디엔콜렉에서는 예를 들어 의학, 기술, 경제학 등 다양한 중점 과목을 선택할 수 있고, 보통 1년 후 시험을 거쳐 과정을 마치면 선택했던 중점 과목에 상응하는 학업을 독일 내 어느 대학에서나 시작할 수 있다. 슈투디엔콜렉 과정을 이수하기도 만만치는 않으나 유학생 입장에서는 독일 대학에 바로 입학하여 겪는 어려움을 최소화시킬 수 있다는 장점이 있다.

사실 한국을 포함한 많은 외국의 학제는 독일 학제와 달라 외국 학생들이 독일에서 성공적인 유학을 하는 데 어려움이 겪는 경우가 많다. 그래서 학생들이 먼저 독일의 대학 예비자 과정에서 독일어와 앞으로 하고자 하는 전공 관련 과정을 미리 배우고 시작한다면 그 어려움을 덜 수 있는 것이다. 이 과정에서 학생들이 전공기초와 어학을 동시에 배운 뒤 독일 대학 입학시험(Feststellungsprüfung)을 거쳐 독일 대학에 지원하게 되는 것이다. 이 시험은 독일어로 보는 시험이므로 합격할 경우에는 따로 대입 독일어 능력 시험(DSH)을 치르지 않아도 된다.

슈투디엔콜렉 과정은 보통 1년이고 1년에 2번(4월/9월, 학교에 따라 약간의 차이가 있음) 지원할 수 있으며 무료이다. 이 과정에 입학하기 위해서는 일반적으로 중급(B1-B2) 정도의 독일어 실력이 요구된다. 독일의 주마다 지원 조건이 조금씩 다를 수 있으므로 반드시 해당 학교에 사전 문의를 해야 한다.(자세한 사항은 인터넷 사이트 www.studienkollegs.de를 참조)

Chapter 4

관사

독일어 문법의 기본은 관사에서 출발한다. 관사(Artikel)는 항상 명사와 결합하는 형태로 나타나는데, 관사의 종류에는 정관사와 부정관사가 있다. 독일어의 관사는 영어와 비교한다면 좀 더 복잡하다. 영어에서는 정관사가 the, 부정관사가 a(n)밖에 없는 데 반해 독일어에서는 명사의 성과 수, 그리고 격에 따라 다양한 형태를 띠기 때문이다.

관사의 쓰임새를 알려면 먼저 명사의 성, 수, 격의 기능과 역할을 이해해야 한다. 먼저 독일어 명사는 모두 성(Genus)을 가지고 있는데, 성은 남성(m), 여성(f), 중성(n) 세 가지로 나뉜다. 수(Nummerus)는 단수와 복수를 지칭하는 것으로서, 수에 따라 관사의 형태와 명사의 형태도 달라진다. 격(Kasus)은 실제 문장 내에서의 그 명사의 역할을 뜻한다. 즉, 그 명사가 주어로 쓰였는지, 간접목적어로 쓰였는지, 직접목적어로 쓰였는지에 따라 명사에 수반되는 관사의 형태가 달라지는 것이다.

1격은 주격이라 하여 문장 내에서 주어의 역할을 하며, 2격은 소유격, 3격은 여격(간접목적어의 역할), 4격은 목적격(직접목적어의 역할)이라 한다.

1. 정관사

명사의 성, 수, 격에 따른 독일어 관사표를 만들어 보면 다음과 같다.

	남성(m.)	여성(f.)	중성(n.)	복수(pl.)
1격(주격)	der	die	das	die
2격(소유격)	des	der	des	der
3격(여격)	dem	der	dem	den
4격(목적격)	den	die	das	die

먼저 정관사에 대한 이해를 쉽게 하기 위하여 정관사의 쓰임새에 대해 예를 들어보자.

남성명사 Baum(나무)이 있다. Baum이 남성인지 여성인지 중성인지는 일단 외워야 한다. 그래서 1격을 대표격으로 하여 der Baum이라고 표시한다. 문장 내에서 den Baum이 있다면 4격 목적어로 쓰였다는 것을 의미하며, 이 경우 '나무를'이라고 번역해야 한다.

1격은 '~는(은)', 2격은 '~의', 3격은 '~에게', 4격은 '~를(을)'이라고 번역되기 때문에, 문장 내에서 어느 정관사가 필요한지는 그 명사의 성과 수, 그리고 격의 쓰임새를 먼저 파악해서 결정하여야 한다.

예 Der Vater gibt dem Kind das Geld. 아버지가 아이에게 돈을 준다.

위 예문을 분석하면 der Vater는 남성 1격(아버지**가**), dem Kind는 중성 3격(아이**에게**), das Geld는 중성 4격(돈**을**)이 된다.

2. 부정관사

	남성(m.)	여성(f.)	중성(n.)
1격(주격)	ein	eine	ein
2격(소유격)	eines	einer	eines
3격(여격)	einem	einer	einem
4격(목적격)	einen	eine	ein

부정관사는 '하나의', '어떤'의 의미로 사용되기 때문에 복수가 없고 단수 형태만이 존재한다. 영어의 부정관사 a가 복수명사에는 사용되지 않는 것과 같다. 부정관사는 불특정한 사물이나 사람에게 쓰는 것이므로 정관사와는 구별을 해준다. 예를 들어 '그 남자(der Mann)'가 아니라 '한 남자'라고 할 때는 ein Mann을 써야 한다.

예 Eine Frau liebt einen Mann. 한 여자가 한 남자를 사랑한다.

위 예문에서는 Eine Frau가 여성 1격(한 여자가), einen Mann은 남성 4격(한 남자를)이 된다.

3. 무관사

독일어의 모든 명사는 성을 가지고 있지만 실제 문장 내에서는 관사 없이 명사만 쓰는 경우가 있다. 대체로 사람의 이름, 혹은 국가 이름과 같은 고유명사나 직업을 나타내는 명사, 추상명사, 재료, 셀 수 없는 명사 등이 이에 해당된다.

Mein Name ist Hans. 내 이름은 한스다.(인명)
Ich bin Student. 나는 대학생이다.(직업)
Er liebt Deutschland. 그는 독일을 사랑한다.(국가명)
Was ist Glück? 행복이란 무엇인가?(추상명사)
Der Ring ist aus Gold. 그 반지는 금으로 만들었다.(재료)

4. 부정사 kein

명사를 부정할 경우에는 기본적으로 nicht를 쓰지 않고 kein- 형태의 부정사를 사용한다. kein은 다음과 같이 부정관사의 어미변화를 하며 복수의 경우에는 정관사 어미변화를 한다.

	남성(m.)	여성(f.)	중성(n.)	복수(pl.)
1격(주격)	kein	keine	kein	keine
2격(소유격)	keines	keiner	keines	keiner
3격(여격)	keinem	keiner	keinem	keinen
4격(목적격)	keinen	keine	kein	keine

형용사나 부사, 동사를 부정할 경우와 명사를 부정할 경우를 비교하면 다음과 같다.

Sie ist nicht schön. 그녀는 아름답지 않다.(형용사를 부정)
Er arbeitet nicht fleissig. 그는 열심히 일하지 않는다.(부사를 부정)
Das Kind geht nicht spazieren. 아이는 산책을 하지 않는다.(동사를 부정)
Ich bin kein Student. 나는 대학생이 아니다.(명사를 부정 – 남성 1격)
Mein Onkel hat keine Kinder. 내 삼촌은 자식들이 없다.(명사를 부정 – 복수 4격)

연습문제

A. 보기와 같이 빈칸에 알맞은 정관사를 써넣어 봅시다.

> 보기   Das Auto fährt sehr schnell.

1) _____ Blume ist gelb.

2) _____ Tasche _____ Vaters ist gross.

3) Mein Vater gibt _____ Kindern _____ Geschenke.

4) In _____ Firma arbeitet man bis 17 Uhr.

5) _____ Zimmer gehört mir.

B. 보기와 같이 빈칸에 알맞은 부정관사를 써넣어 봅시다.

> 보기   Ein Baum steht vor dem Haus.

1) Ich habe _____ Termin mit dem Arzt.

2) Er schreibt dem Chef _____ E-Mail.

3) Sie kauft _____ Auto.

4) Meine Mutter arbeitet bei _____ Firma.

5) Mein Bruder liebt _____ Mädchen.

C. 보기와 같이 빈칸에 알맞은 부정사를 써넣어 봅시다.

> 보기   Ich habe keine Zeit.

1) Er hat _____ Lust mehr, mit mir zu spielen.

2) Hat sie im Sommer _____ Urlaub?

3) Meine Schwester hat _____ Geld mehr.

4) Sein Bruder hat _____ Interesse an Frauen.

5) Bist du _____ Student? Nein, ich bin _____ Student.

독일 유학, 이것만 알면 된다!

독일 대학의 등록금

대부분의 독일 대학은 등록금(Studiengebühr)을 요구하지 않으므로 독일 유학이 미국이나 영국으로 유학하는 것보다 더 저렴하다고 할 수 있다. 등록금을 받지 않는 이유는 독일 대학들이 주정부로부터 재정 지원을 받기 때문이다. 즉, 모든 대학생의 등록금을 독일 정부가 대신 내주는 것이다. 등록금에 대해서는 외국인 학생들도 차별받지 않기 때문에 독일 학생들과 마찬가지의 혜택을 누릴 수 있다. 국가고시를 보는 과정도 마찬가지다. 의학, 수의학, 치의학과는 국가고시를 보는 커리큘럼을 따르지만 등록금은 무료다.

하지만 2017/2018년 겨울학기부터 바덴-뷔르템베르크(Baden-Würtemberg) 주에 있는 대학들은 유럽 이외의 국가에서 온 유학생들에게 학기당 1,500유로의 등록금을 받는다고 한다. 또한 어떤 대학원 과정은 한 학기에 1만 유로가 넘는 등록금을 요구하기도 한다. 심지어 어떤 사립대학은 학부 과정에도 높은 등록금을 요구하기도 한다. 대부분의 독일 대학은 국립대학으로서 등록금을 받지 않지만, 일부 과정에서 등록금을 받는 곳도 있으므로 자신이 유학하고자 하는 대학의 등록금 납부 여부를 잘 살펴야 한다.

등록금은 아니지만 독일의 모든 대학은 학기당 일정한 행정비용을 요구한다. 사회기여금(Sozialbeitrag) 명목으로 받는 이 비용은 대체로 학생들의 교통카드를 지원하는 데 쓰이며, 대학에 따라 한 학기당 약 200~250유로(한화 약 30만 원) 정도 소요된다.

Chapter 5

인칭대명사

인칭(人稱)대명사란 사람을 칭하는 대명사, 즉 '나, 너, 그, 그녀, 우리, 당신' 등 사람을 지칭하고 가리키는 대명사를 뜻한다. 인칭에는 1인칭, 2인칭, 3인칭이 있으며 각 인칭마다 1격, 2격, 3격, 4격의 형태가 있고 또 인칭의 성격에 따라 크게 단수와 복수로 나뉜다.

영어의 I, my, me, mine…처럼 독일어의 인칭대명사도 주격과 소유격, 그리고 여격과 목적격을 구분하여 외워두면 인칭대명사에 관한 문법적 사항을 쉽게 숙지할 수 있다.

1. 인칭대명사 변화표

		1인칭	2인칭		3인칭		
			친칭	존칭	남성	여성	중성
단수	1격	ich	du	Sie	er	sie	es
	2격	meiner	deiner	Ihrer	seiner	ihrer	seiner
	3격	mir	dir	Ihnen	ihm	ihr	ihm
	4격	mich	dich	Sie	ihn	sie	es
복수	1격	wir	ihr	Sie	sie		
	2격	unser	euer	Ihrer	ihrer		
	3격	uns	euch	Ihnen	ihnen		
	4격	uns	euch	Sie	sie		

2. 인칭대명사의 용례

변화표를 숙지하고 있다면 이제 사용된 용례를 보면서 인칭대명사가 독일어 문장에서 어떻게 쓰이는지 알아보도록 하자.

Ich gebe **ihm** ein Geschenk. 나는 그에게 하나의 선물을 준다.
(1인칭 주어 ich와 3인칭 남성 3격 목적어 ihm이 사용된 예)

Er liebt **dich**. 그는 너를 사랑한다.
(3인칭 주어 er와 2인칭 4격 목적어 dich가 사용된 예)

Wie geht **es Ihnen**? 어떻게 지내셨습니까?
(3인칭 중성 1격 es와 존칭 3격 목적어 Ihnen이 사용된 예)

Wir helfen **euch**. 우리는 너희들을 도와준다.
(복수 1인칭 주어 wir와 복수 2인칭 3격 목적어 euch가 사용된 예)

3. 인칭대명사 2격과 소유대명사의 구분

독일어 공부를 하면서 어려운 것 중의 하나가 인칭대명사 2격과 소유대명사를 구분하는 일이다.

1인칭을 예로 들어보면, ich/**meiner**/mir/mich에서 2격 meiner는 문법적으로는 소유격이지만 실제 문장에서의 의미는 '나의'가 아니라 2격 목적어의 기능을 하는 '나를'로 사용된다. 즉, 인칭대명사 2격은 소유대명사처럼 명사를 수식해 주는 기능이 아니라 2격을 지배하는 전치사나 동사에 의해 쓰여진다. 다시 말해서 인칭대명사는 문장성분으로서의 독립적 사용이 가능하나, 소유대명사는 명사 없이 독립적 사용이 불가능하며 항상 그 뒤에 명사를 수반한다.

아래 문장을 예로 들어 인칭대명사 2격과 소유대명사의 차이를 알아보도록 하자.

a. Er bedarf **meiner**. 그는 나를 필요로 한다.(인칭대명사 2격 – 독립적)
b. Er bedarf **mein**er Tasche. 그는 내 가방을 필요로 한다.(소유대명사 – 수식적)

a 문장은 bedürfen 동사가 2격 지배동사이기 때문에 목적어로 4격이 아니라 2격의 인칭대명사가 사용된 예이며, b 문장은 소유대명사 mein에 여성 2격 어미 er가 붙어 명사를 수식해 준 경우이다.

소유대명사는 대체로 명사를 수식해 주는 부가어적 용법으로 사용되지만, 간혹 어미변화된 상태 그대로 명사화되는 경우도 있다. 현대문법에서는 전자를 소유관사, 후자를 소유대명사라고 지칭하기도 한다.

4. 인칭대명사의 위치

1) 인칭대명사가 일반명사와 나란히 위치할 때 : 인칭대명사가 항상 일반명사보다 앞에 위치한다.
   - 예 Der Kaufmann schenkt **ihr ein Auto**. 그 상인은 그녀에게 자동차 한 대를 선물한다.
     (인칭대명사 3격 + 일반명사 4격)
     Der Kaufmann schenkt **es der Frau**. 그 상인은 그것을 그 여자에게 선물한다.
     (인칭대명사 4격 + 일반명사 3격)

2) 인칭대명사 3격과 4격이 나란히 위치할 때 : 인칭대명사 4격이 인칭대명사 3격보다 앞에 위치한다.
   - 예 Der Kaufmann schenkt **es ihr**. 그 상인은 그것을 그녀에게 선물한다.
     (인칭대명사 4격 + 인칭대명사 3격)

❀ 독일 속담에 대해 알아볼까요?

· **Eile mit Weile!**
  급할수록 차근차근!

· **Geteilte Freude ist doppelte Freude.**
  기쁨을 나누면 배가 된다.

연습문제

A. 보기와 같이 빈칸에 알맞은 인칭대명사를 써넣어 봅시다.

> 보기   Kann ich bitte Herrn Müller sprechen?

1) Das Mädchen steht auf der Strasse. _____ ist 15 Jahre alt.
2) Entschuldigung, sind _____ Frau Roth?
3) Thomas, welches Bild gefällt _____ am besten?
4) Herr Schmidt, wie geht es _____?
5) Karin hat heute Geburtstag. Ihre Mutter schenkt _____ ein Buch.

B. 다음 ( ) 안의 인칭대명사를 보기와 같이 알맞은 형태로 고쳐 써넣어 봅시다.

> 보기   Ich gebe ihm einen Bleistift. (er)

1) Sie fragt _____ nach dem Weg. (du)
2) Mein Freund hilft _____ jeden Tag. (ich)
3) Vor dem Kino begegnen wir _____. (sie, pl.)
4) Ich bedarf _____. (ihr)
5) Mein Chef antwortet _____ auf die Frage. (sie, sg.)

C. 보기와 같이 밑줄 친 부분을 인칭대명사로 바꾸어 봅시다.

> 보기   Die Lampe ist kaputt. → sie

1) Mein Onkel und meine Tante besuchen mich.   → _____
2) Das Auto gehört meiner Schwester.   → _____
3) Der Kaufmann hat seine Sekretärin.   → _____

연습문제

4) Meine Freundin und ich warten auf den Bus.　→　_____

5) Hannah mag den neuen Kunden.　→　_____

6) Der Schüler dankt der Lehrerin für ihren Unterricht.　→　_____

7) Karl hilft dir und deinen Freundinnen beim Einkaufen.　→　_____

8) Ist er heute Abend mit seinen Eltern ins Kino gegangen?　→　_____

D. 보기와 같이 질문의 밑줄 친 명사를 대명사로 바꾸어 답해 봅시다.

> 보기) Hast du ihm das Geschenk gekauft?　→　Ja, ich habe es ihm gekauft.

1) Hat er ihr die Rechnung schon gezeigt?
　_____.

2) Hat sie dir den Bleistift gegeben?
　_____.

3) Habt ihr uns die Fahrräder geschenkt?
　_____.

4) Haben sie ihren Eltern die Geschichte erzählt?
　_____.

5) Hast du ihm das Geld gegeben?
　_____.

독일 유학, 이것만 알면 된다!

독일 대학 입학 조건 중 언어능력은?

독일 대학에 최종 입학, 등록을 하기 위해서는 입학 허가서(Zulassung)를 받은 학교에서 학기 초에 시행하는 대입 독일어 능력 시험(Deutsche Sprachprüfung für den Hochschulzugang), 즉 DSH 시험에 합격해야 한다. 이 시험은 합격, 불합격으로 평가가 되며, 독일 내에서 2회까지 응시가 가능하다. 이에 준하는 다른 시험(KDS, GDS 혹은 TestDaF)의 합격증이 있는 사람은 DSH 응시 의무를 면제받을 수 있으며, 이 시험들은 횟수에 상관없이 응시가 가능하다. TestDaF의 경우, 합격 불합격이 아니라 네 영역이 각각 등급 점수(최고 5 - 최저 3)로 평가되는데, 학교나 학과별로 입학을 허가하는 등급 수준이 다르다.

독일의 모든 대학교의 어느 학과를 지원하든 원서(Antrag)와 기타 증빙서류를 제출할 때, 반드시 자신의 독일어 능력에 대한 입증자료를 첨부해야 한다. 지원 당시의 언어 조건은 초급과정을 이수한 정도의 수준인데, 이를 입증할 방법은 초급 인증시험 B1(독일 문화원의 초급 전 과정 이후 응시할 수 있는 정도의 수준)의 합격증을 제시하거나, 혹은 현재까지의 독일어 수강 경력(고등학교, 대학교, 학원, 문화원 등) 약 500시간(적게는 450시간, 많게는 600시간, 학교마다 요구 수준이 다름)에 대한 수료증들을 모두 제시하는 것이다.

일반 학과가 아니라 영어로 강의가 진행되는 인터내셔널 코스에 지원하거나, 일반 학과라도 영어로 의사소통이 가능한 연구과정, 박사과정으로 지원할 경우에는 지도교수의 수락이 전제되면 독일어 대신 영어능력을 입증해도 되는 경우가 있다.

Chapter 6

소유대명사

독일어에서 인칭대명사와 함께 습득해야 하는 부분이 바로 소유대명사이다. 소유(所有)대명사는 '소유대상(명사)의 주체(대명사)'를 가리키는 것으로 통상 '나의', '너의', '그의', '그녀의' 등과 같은 의미를 가지며, 소유대명사가 수식하는 명사와 함께 사용된다. 이때 소유대명사는 수식받는 명사의 성, 수, 격에 따라 부정관사의 어미변화를 하기 때문에 소유대명사를 소유관사라고 부르기도 한다.

만일 '나의(소유대명사)+자동차(명사)'를 독일어로 표현하고자 한다면 'mein(소유대명사)+Auto(명사)'가 된다. 소유대명사는 주체의 성질에 따라 구분되며 그 내용은 다음의 도표에서 확인할 수 있다.

1. 소유대명사의 종류

인칭 형태에 따른 소유대명사는 다음과 같이 구분될 수 있다.

	단수(Sg.)		복수(Pl.)	
1인칭	ich	**mein**	wir	**unser**
2인칭	du	**dein**	ihr	**euer**
3인칭	er / sie / es	**sein / ihr / sein**	sie / Sie(존칭)	**ihr / Ihr**

2. 소유대명사의 특징

1) 소유대명사는 '나의~', '너의~' 등의 뜻을 갖지만 인칭대명사 2격과는 구분이 된다.
   *인칭대명사 2격과 소유대명사와의 차이점에 대해서는 〈Chapter 5. 인칭대명사〉편 참조.

2) 소유대명사는 위의 도표에서 보듯이 인칭과 수에 따라 형태를 달리한다. 물론 '그녀의'라는 뜻을 가진

3인칭 여성 단수 ihr와 '그들의'라는 뜻을 가진 복수 3인칭의 ihr가 같은 형태이지만, 이것은 문장 내에서 뜻을 구분해야 한다.

3) 독일어의 소유대명사는 명사를 수식하는 형태이므로 그 자체로서 어미변화를 한다. 즉, 소유대명사의 끝에 어미를 붙이는 것인데, 이는 수식되는 명사의 성과 격에 따라 소유대명사의 어미는 달라진다.

| 중요! | 소유대명사의 어미는 부정관사의 어미변화를 취한다. |

3. 소유대명사의 어미변화표

	남성(m.)	여성(f.)	중성(n.)	복수(pl.)
1격(주격)	mein	meine	mein	meine
2격(소유격)	meines	meiner	meines	meiner
3격(여격)	meinem	meiner	meinem	meinen
4격(목적격)	meinen	meine	mein	meine

1) 위의 도표는 대표 소유대명사 mein의 어미변화를 예로 든 것으로서 소유대명사가 부정관사의 어미변화와 동일하다는 것을 알 수 있다.

2) 단, 부정관사는 복수 형태가 없으므로, 소유대명사의 수식을 받는 명사가 복수일 때 그 소유대명사의 어미는 복수 정관사의 어미변화를 하게 된다.

4. 소유대명사의 쓰임

실제로 문장 내에서 소유대명사가 어떻게 쓰이고 어떤 어미변화를 하게 되는지 알아보도록 하자.

Das ist **mein** Vater. 이 사람은 내 아버지입니다.(mein은 소유대명사 남성 1격)
Meine Mutter gibt **meinem** Bruder **ihre** Tasche. 나의 어머니는 내 형에게 그녀의 가방을 줍니다.
　(Meine Mutter는 여성 1격, meinem Bruder는 남성 3격, ihre Tasche는 여성 4격)
Ich spiele mit **deinen** Freunden. 나는 네 친구들과 함께 논다.(deinen은 복수 3격)
Ihr habt **euren** Computer, **euer** Fahrrad und **eure** Gitarre verkauft.
너희들은 너희들의 컴퓨터, 자전거, 기타를 팔았다.(euren, euer, eure는 각각 남성, 중성, 여성 4격)

| 주의! | 소유대명사 복수 2인칭 형태인 euer는 어미가 있을 때 eur- 형태를 띠게 되며, 어미가 없을 경우에는 그대로 euer 형태를 취한다. |

연습문제

A. 보기와 같이 다음 빈칸에 알맞은 소유대명사를 써넣어 봅시다.

> 보기 ich : mein Haus

1) du : _____ Zimmer
2) er : _____ Auto
3) sie : _____ Tasche
4) es : _____ Ball
5) wir : _____ Koffer
6) ihr : _____ Handys
7) Thomas und Lisa : _____ Haus
8) Sie : _____ Bleistift
9) ich : _____ Zähne
10) Valentin : _____ Uhr
11) Lisa : _____ Stuhl
12) du : _____ Wohnung

B. 보기와 같이 다음 문장에서 빈칸에 알맞은 소유대명사의 형태를 써넣어 봅시다.

> 보기 Ich habe meine Uhr, mein Handy, meinen Koffer vergessen.

1) Sabine hat _____ Schlüssel, _____ Brille, _____ Radio vergessen.
2) Das Mädchen hat _____ Kugelschreiber, _____ Buch, _____ Lampe verloren.
3) Wir haben _____ Fahrräder, _____ Schuhe, _____ Möbel (Pl.) verkauft.
4) Ihr habt _____ Fussball, _____ Spielzeug, _____ Bilder verloren.
5) Daniel und Paulina sind mit _____ neuen Auto, _____ neuen Wohnung zufrieden.

연습문제

C. 다음 보기와 같이 답변을 써넣어 봅시다.

> 보기
> Womit fahren wir nach Italien? (du–Auto)
> → Mit deinem Auto.

1) Worauf warten wir? (er–Brief)

   → Auf _____ Brief.

2) Mit wem hat Inge gesprochen? (sie–Tante)

   → Mit _____ Tante.

3) Über wen spricht er? (ich–Mann)

   → Über _____ Mann.

4) Bei wem wohnst du jetzt? (ich–Eltern)

   → Bei _____ Eltern.

5) Für wen arbeitet ihr? (wir–Familie)

   → Für _____ Familie.

독일 유학, 이것만 알면 된다!

음대와 미대 입학

독일에서 음대나 미대 등 예술계열 학과에 지원하는 경우에는 대체로 높은 경쟁률을 극복해야 한다. 실기가 입학의 가장 중요한 조건이 되며, 지도 받기를 희망하는 현지 교수님과 미리 개인적으로 접촉하여 개인교습을 받으면서 실기 시험 준비를 하는 것이 유리하다.

음대는 원서(Antrag)를 제출하면 실기 시험에 응시하라는 초청장을 받게 된다. 먼저 원서를 여러 대학교에 보내서 초청장이 오는 학교에 가서 실기시험에 응시하여 합격한 곳을 선택하면 된다. 미대는 원서 제출 시 포트폴리오로 작품집(Mappe)을 첨부하는 것이 일반적이다. 작품집의 규격과 내용은 학교마다 다양하기 때문에, 지원하려는 학교로부터 미리 안내문을 받아 준비해야 유리하다. 실기 시험이 있는 학교의 경우, 1차 심사 후 실기 시험에 오라는 초청장을 받게 된다.

음·미대의 경우, 입학 조건 중 독일어 언어 시험은 DSH 수준보다 낮은 수준을 요구한다. 대체로 B1 수준을 요구하며 학교에 따라 B2를 요구하는 학교도 있다. 그리고 어느 대학은 먼저 입학 후 어학 증명서를 제출하는 곳도 있으니 사전에 대학 사이트 등을 통해 어학증명에 관한 안내문을 읽어봐야 한다. 예술적 재능이 매우 뛰어난 지원자 역시 지도교수의 허락 하에 조건부(입학 후 독일어를 계속 보강한다는 조건)로 입학 허가를 받을 수도 있다.

Chapter 7

의문사

의문사는 의문형 문장을 이끌며 '누가, 언제, 어디서, 무엇을, 어떻게, 왜'처럼 상대에게 질문을 하기 위한 첫 번째 구성 요소이다. 일반적으로 문장 제일 앞에 위치하고, 그 뒤에 동사와 주어가 도치된 형태로 뒤따른다. 의문사가 없는 의문형과는 달리 의문사가 있는 의문형 문장은 구체적 답변을 요한다.

1. 의문대명사 wer, was

독일어의 대표적인 의문대명사에는 wer와 was가 있다. 일반적으로 wer는 사람을 나타내는 의문대명사이며 was는 사물을 나타낸다. 두 종류의 의문대명사는 독일어의 격변화와 관계가 깊다. wer는 영어의 who에 해당하는 의문대명사로서 그 격변화는 정관사류의 변화와 같으며 was는 영어의 what에 해당하며 3격이 존재하지 않는다. 의문대명사 wer와 was의 격변화는 다음과 같다.

	wer의 변화	was의 변화
1격	wer	was
2격	wessen	wessen
3격	wem	–
4격	wen	was

2. 의문대명사의 용례

Wer wohnt in diesem Haus? 누가 이 집에 살고 있습니까? (1격)
Wessen Buch ist das? 이 책은 누구의 책입니까? (2격)

Wem gibt der Lehrer das Buch? 선생님은 누구에게 그 책을 줍니까? (3격)
Wen liebst du? 너는 누구를 사랑하니? (4격)

의문대명사 1격은 관사류와 마찬가지로 주어의 역할을 하며, 특히 2격 wessen은 그 쓰임이 지시대명사나 관계대명사 2격인 dessen과 비슷하다. 이는 어미변화를 따로 하지 않으며 소유의 의미를 가질 수도 있고, 소유의 의미 없이 2격 지배전치사나 2격 지배동사의 목적어로도 쓰일 수 있다.

> 예 **Wessen** Schwester liebst du? 너는 누구의 여동생을 좋아하니?
> Mit **wessen** Auto fahren Sie? 어떤 자동차를 타고 가십니까?
> *여기서 Schwester, Auto는 각각 여성 4격, 중성 3격으로 쓰였으나 wessen은 어미변화를 하지 않는다.

사물을 나타내는 was는 영어의 what에 해당하는 의문사로서 격변화를 한다. was는 사물이 간접목적어로서의 기능을 하지 않으므로 3격 형태가 없는 것이 특징이다.

> 예 **Was** ist das? 이것이 무엇입니까? (1격)
> **Was** suchst du? 너는 무엇을 찾느냐? (4격)

3. welch-와 was für ein-의 용법

의문대명사 welch-와 was für ein-은 형용사적, 혹은 명사적 용법으로 쓰이는 의문대명사이다. 영어의 which 혹은 what kind of-와 같이 '어떠한', '어떠한 종류의'라는 의미를 가지고 있으며, welch의 격변화는 정관사, was für ein-의 격변화는 부정관사의 어미변화를 취한다.

welch-의 격변화

	남성(m.)	여성(f.)	중성(n.)	복수(pl.)
1격	welch**er**	welch**e**	welch**es**	welch**e**
2격	welch**es**	welch**er**	welch**es**	welch**er**
3격	welch**em**	welch**er**	welch**em**	welch**en**
4격	welch**en**	welch**e**	welch**es**	welch**e**

정관사의 어미변화를 하는 welch-는 의문의 내용이 구체성을 띠고 있을 때 주로 사용되는 의문대명사이다. 일반적으로 지시대명사나 정관사로 대답하는 것이 보통이다.

A : **Welches** Kleid möchtest du? 어떤 옷을 원하니?
B : **Das** blaue dort. 저기 파란 옷이요.

was für ein-의 격변화

	남성(m.)	여성(f.)	중성(n.)	복수(pl.)
1격	was für **ein**	was für **eine**	was für **ein**	was für
2격	was für **eines**	was für **einer**	was für **eines**	was für
3격	was für **einem**	was für **einer**	was für **einem**	was für
4격	was für **einen**	was für **eine**	was für **ein**	was für

부정관사 어미변화를 하는 was für ein-은 의문의 내용이 일반성을 띠고 있을 때 주로 사용되는 의문대명사이다. 일반적으로 부정관사로 대답하는 것이 보통이다.

A : **Was für ein** Kleid möchtest du? 어떤 옷을 원하니?
B : **Ein** Sommerkleid. 여름 옷이요.

4. 의문부사

의문사에는 의문대명사와는 별도로 격변화 없이 사용되는 의문부사들이 있다. wo, woher, wohin, wie, wann, warum 등이 이에 해당한다.

wo, woher, wohin의 쓰임

wo, woher, wohin은 각각 장소, 출발점, 방향을 나타내는 의문부사들로서 각각 '어디에', '어디에서', '어디로'로 번역된다. wo는 장소의 고정을 나타내는 동작들, 예를 들면 wohnen(살다), arbeiten(일하다)와 같은 동사들과 함께 그 동작이 일어나는 장소를 물을 때 사용되고, woher는 화자 쪽으로 향하는 방향성을 나타내는 동작, 예를 들면 kommen(오다), bekommen(받다) 등의 동사와 함께 출처나 출발지를 물을 때 사용하는 의문사이다. wohin은 주어가 이동해야 하는 방향, 예를 들면 gehen(가다), fahren(교통수단을 이용해서 가다)와 같은 동사들과 함께 쓰여 목적지를 물을 때 주로 사용한다.

Wo wohnen Sie? 어디에서 사십니까?
Wo arbeiten Sie? 어디에서 일하십니까?
Woher kommen Sie? 어디에서 오셨습니까?
Wohin fahren Sie? 어디로 가십니까?

wie, wann, warum의 쓰임

wie, wann, warum은 각각 영어의 how(어떻게, 얼마나), when(언제), why(왜)에 해당하는 의문사들이며 wo나 wohin, woher처럼 의문을 필요로 하는 거의 모든 의문형 문장에서 등장한다.

Wie geht es Ihnen? 어떻게 지냈어요?
Wann gehen Sie nach Hause? 언제 집에 가세요?
Warum kommen Sie heute so spät? 당신은 왜 오늘 그렇게 늦게 오셨죠?

또한 Wie의 경우에는 alt, lange, oft 등 형용사나 부사를 붙여서 새로운 의문사로 활용할 수도 있다.

Wie alt sind Sie? 당신의 나이가 어떻게 됩니까?
Wie lange sind Sie hier in Deutschland? 독일에 계신 지 얼마나 되었습니까?
Wie oft gehen Sie ins Kino? 얼마나 자주 극장에 가십니까?

이 밖에 wieviel이라는 의문사가 있다. wieviel은 수를 나타내기도 하고 양을 나타내기도 하는데, 수를 나타낼 때는 띄어 쓰며 어미변화를 하고, 양을 나타낼 때는 띄어 쓰지 않으며 어미변화도 하지 않는다. 의문사 wie가 양을 나타내는 viel과 결합할 때는 이들을 묶어서 하나의 의문사로 간주한다.

Wieviel Uhr ist es? 몇 시예요?
Wieviel Wasser trinken Sie? 물을 얼마나 많이 마시나요?
Wie viele Leute sind da? 그곳에 얼마나 많은 사람이 있나요?
Wie viele Freunde kommen heute Abend? 오늘 저녁에 얼마나 많은 친구들이 오나요?

🍀 독일 속담에 대해 알아볼까요?

- **Ende gut, alles gut.**
  끝이 좋으면 다 좋다.

- **Andere Länder, andere Sitten.**
  나라가 다르면 풍속도 다르다.

연습문제

A. 보기와 같이 빈칸에 알맞은 의문대명사를 써넣어 봅시다.

> 보기   <u>Was</u> soll ich jetzt machen?

1) _____ rufst du denn an?

2) _____ gibst du das Geschenk?

3) Ich habe zwei Autos. _____ findest du lieber?

4) _____ schreibt diesen Brief?

5) _____ Auto ist das?

6) _____ hilfst du heute Abend?

B. 빈칸에 알맞은 의문대명사를 써넣어 봅시다.

1) _____ Wohnung suchst du denn? Eine kleine oder eine grosse?

2) _____ Handtasche kaufst du mir? Die rote da?

3) _____ Auto magst du lieber? Das schwarze dort?

4) _____ Pullover möchten Sie gern? – Ich möchte einen Wollpullover.

C. 보기와 같이 다음과 같은 답이 되도록 알맞은 질문을 완성해 봅시다.

> 보기   <u>Wie heißen Sie?</u>
> Ich heiße Karin Müller.

1) _____?

Ich bin 28 Jahre alt.

2) _____?

Ich wohne in Düsseldorf.

연습문제

3) _____?

   Ich komme aus Österreich.

4) _____?

   Ich arbeite schon zwei Jahre.

5) _____?

   Ich besuche meine Mutter jeden Tag.

6) _____?

   Ich habe fünf Freunde.

7) _____?

   Ich fahre heute nach Hause.

8) _____?

   Ich gehe nicht zur Schule, weil ich krank bin.

독일 유학, 이것만 알면 된다!

유학생 생활비는 얼마나 들까?

독일의 대학교는 학비가 무료이기 때문에 학비를 걱정할 필요는 없지만 생활비로 소요되는 비용은 만만치 않다. 거주 도시의 규모에 따라 약간의 차이가 있을 수 있으나 월세, 교통비, 의료보험비, 통신요금, 식비, 기타 잡비를 합치면 대개 800에서 1200유로가 소요된다. 한화로 100만 원~160만 원 정도이다. 그중에서 가장 큰 비중을 차지하는 것이 월세이며, 기숙사에 거주하는 것이 저렴하나(200~300유로, 한화 약 26~40만 원), 대개의 도시에서는 정식 학생이 된 후에야 기숙사 방을 신청할 자격이 주어지고, 자리가 날 때까지 일정 기간 기다려야 한다. 또한 기숙사의 경우에는 거주할 수 있는 기간이 2년, 혹은 3년 등으로 정해져 있어 장기 거주하기에는 적합하지 않다. 셰어하우스 개념인 공동주택(WG, Wohngemeinschaft) 역시 저렴하나 거실과 화장실을 타인과 함께 사용해야 하므로 함께 사는 사람들과 성격이 잘 맞아야 한다. 일반적으로는 개인 월세집을 구해야 하는데, 거주지의 위치에 따라 다소 차이가 있으나 300~600유로(한화 약 40~80만 원) 정도는 감안해야 한다. 전기료, 난방비 등은 포함되는 경우도 있으나 사용한 만큼 따로 내는 것이 보통이다. 전기료 난방비용은 주거형태에 따라 다소 차이가 있으나 혼자 사는 경우 100유로(한화 약 13만 원) 정도 추가된다고 보면 된다.

교통비용은 정식 학생으로 등록한 경우 매 학기 사회기여금(Sozialbeitrag) 명목으로 200~250유로(한화 약 30만 원)를 내면 받을 수 있는 학생 교통 카드(Semesterticket)로 해결하면 되므로 한 달에 5만 원 정도가 소요된다고 보면 될 것이며, 이 밖에 의료보험료 50~100유로(한화 약 7~13만 원), 인터넷 및 통신비 35유로(한화 약 5만 원), 식비 120유로(한화 약 16만 원), 기타 잡비는 100유로(13만 원) 정도이다.

Chapter 8

수사

독일어의 수사는 크게 두 가지로 나뉘는데, 일반적인 숫자를 나타내는 기수와 차례를 나타내는 서수가 있다. 기수(Grundzahlen)는 일반 숫자를 나타내며, 서수(Ordnungszahlen)는 차례, 날짜 등을 표시할 때 사용된다. 독일어 숫자(기수)의 기본 배합 방법은 다음과 같다.

1) 13~19까지 : 1단위+10(zehn)
   예 14 = vier+zehn = vierzehn

2) 21~99까지 : 1단위+**und**+10단위(-zig)
   예 72 = zweiundsiebzig

1. 기수(Grundzahlen)

0부터 19까지는 다음과 같이 쓰고 읽는다.

0부터 9까지				10부터 19까지			
0	null	5	fünf	10	zehn	15	fünf**zehn**
1	eins	6	sechs	11	elf	16	sech**zehn**＊
2	zwei	7	sieben	12	zwölf	17	sieb**zehn**＊
3	drei	8	acht	13	drei**zehn**	18	acht**zehn**
4	vier	9	neun	14	vier**zehn**	19	neun**zehn**

＊주의해야 할 숫자는 16, 17이다. 각각 sechszehn, siebenzehn이 아니라 sechzehn, siebzehn이다.

20부터 29, 그리고 30부터 10단위는 다음과 같이 쓰고 읽는다.

	20부터 29까지		30부터 10단위
20	zwanzig	30	drei**ßig**
21	**ein**undzwanzig*	40	vier**zig**
22	zweiundzwanzig	50	fünf**zig**
23	dreiundzwanzig	60	sech**zig**
24	vierundzwanzig	70	sieb**zig**
25	fünfundzwanzig	80	acht**zig**
26	sechsundzwanzig	90	neun**zig**
27	siebenundzwanzig	100	hundert
28	achtundzwanzig	110	hundertzehn
29	neunundzwanzig	120	hundertzwanzig

*주의해야 할 숫자는 21이다. einsundzwanzig가 아니라 einundzwanzig이다.
**독일어 숫자는 띄어 쓰지 않고 항상 붙여서 쓴다.

	다양한 숫자
101	hunderteins*
111	hundertelf
972	neunhundertzweiundsiebzig
1,000	tausend
3,750	dreitausendsiebenhundertfünfzig
10,000	zehntausend
100,000	hunderttausend
1,000,000	eine Million

*101(hunderteins)처럼 eins로 끝나면 그대로 eins이지만 eins 다음에 수사가 나올 경우에는 ein으로 바뀐다.

연도 읽는 방법

연도를 읽을 때는 숫자를 두 자리씩 끊어서 읽는다.

예 1945년 : 1900(neunzehnhundert)+45(fünfundvierzig) = neunzehnhundertfünfundvierzig
　　1787년 : siebzehnhundertsiebenundachtzig
　　2016년 : zweitausendsechzehn

연령대, 연대, 전화번호

20대, 30대처럼 연령대를 표현하고자 할 때, 혹은 연대를 나타낼 때는 기수에 er를 붙여 쓴다.
- 예 Er ist schon ein Siebzig**er**. 그는 벌써 70대 노인이다.
  Der Beginn der neunzig**er** Jahre 90년대 초

전화번호는 하나하나씩 차례로 읽거나 두 자리씩 끊어 읽는다.
- 예 010-6237-5984 : null-eins-null-**sechs-zwei-drei-sieben-fünf-neun-acht-vier**
  null-eins-null-**zweiundsechzig-siebenunddreißig-neununfünfzig-vierundachtzig**

화폐 읽기

독일은 유럽연합의 화폐인 유로(Euro)를 사용한다. 콤마(Komma)로 구분하여 콤마 왼쪽은 유로, 콤마 오른쪽은 센트를 나타낸다.

| €80,75 | 80유로 75센트 |

그러나 유로가 있을 때는 센트를 읽지 않고 유로가 없는 경우에만 센트를 읽는다.

| €70,50 | siebzig Euro fünfzig |
| €0,50 | fünfzig Cent |

A : Wie viel kostet ein Bleistift? 연필 한 자루는 얼마입니까?
B : Er kostet 0,60(sechzig Cent). 그것은 60센트입니다.

A : Wie viel kosten zwei Bleistifte? 연필 두 자루는 얼마입니까?
B : Sie kosten 1,20(ein Euro zwanzig). 연필 두 자루는 1유로 20(센트)입니다.

2. 서수(Ordnungszahlen)

서수는 숫자 자체가 아닌, 차례나 순서, 혹은 날짜 등을 나타낼 때 사용되며 보통 그 다음에 나오는 명사를 수식해 주는 역할을 하므로 일반 형용사처럼 형용사 어미변화를 한다. 서수의 기본 배합 방법은 다음과 같다.

1) 19까지 : 기수+**t**
2) 20 이상 : 기수+**st**

1부터 19까지의 서수는 다음과 같이 쓰고 읽는다.

1부터 10까지		11부터 19까지	
1	**erst**	11	elf**t**
2	zwei**t**	12	zwölf**t**
3	**dritt**	13	dreizehn**t**
4	vier**t**	14	vierzehn**t**
5	fünf**t**	15	fünfzehn**t**
6	sechs**t**	16	sechzehn**t**
7	**siebt**	17	siebzehn**t**
8	**acht**	18	achtzehn**t**
9	neun**t**	19	neunzehn**t**
10	zehn**t**		

20 이상의 서수는 다음과 같이 쓰고 읽는다.

20부터 29까지		30부터 10 단위	
20	zwanzig**st**	30	dreißig**st**
21	**ein**undzwanzig**st**	40	vierzig**st**
22	zweiundzwanzig**st**	50	fünfzig**st**
23	dreiundzwanzig**st**	60	sechzig**st**
24	vierundzwanzig**st**	70	siebzig**st**
25	fünfundzwanzig**st**	80	achtzig**st**
26	sechsundzwanzig**st**	90	neunzig**st**
27	siebenundzwanzig**st**	100	hundert**st**
28	achtundzwanzig**st**	110	hundertzehnt
29	neunundzwanzig**st**	120	hundertzwanzigst

다양한 서수			
101	hunderterst	999	neunhundertneunundneunzigst
176	hundertsechsundsiebzigst	1,000	tausendst
303	dreihundertdritt	1,001	tausenderst

차례나 순서

차례나 순서를 나타내야 할 상황에서는 서수로 표시하며 형용사 어미변화를 한다.
예 Er war der **erste** Mensch auf dem Mond. 그는 달에 도착한 최초의 인간이었다.
　　Meine Tante wohnt im **dritten** Stock. 나의 숙모는 3층에 산다.
　　Sie erhielt zum **zweiten** Mal den Nobelpreis. 그녀는 노벨상을 두 번 받았다.

날짜의 표현

날짜를 표현하고자 할 경우에는 서수로 표시한다.
예 A : **Der wievielte** ist heute? 오늘이 며칠입니까?
　　B : Heute ist der 12.**(zwölfte)** April. 오늘은 4월 12일입니다.

　　A : Wann ist er geboren? 그는 언제 태어났습니까?
　　B : Er ist am 25.**(fünfundzwanzigsten)** August geboren. 그는 8월 25일에 태어났습니다.

분수

분자는 기수로 표시하며 분모는 서수에 -el을 붙이고 중성명사로 취급한다.

$$공식 = \frac{분자(기수)}{분모(서수+el)}$$

예 $\frac{1}{2}$ = ein Halb $\frac{1}{3}$ = ein Drittel $\frac{1}{4}$ = ein Viertel $\frac{2}{5}$ = zwei Fünftel

　　$3\frac{2}{5}$ = drei und zwei Fünftel

3. 시간 읽기

"지금은 몇 시입니까?", 즉 시간을 독일어로 물을 때는 보통 "Wie viel Uhr ist es?" 혹은 "Wie spät ist es?"를 사용한다. 간혹 "Wie viel Uhr haben Sie?"를 사용하기도 한다. 독일어로 시간을 대답할 때는 좀 더 복잡하다. 독일어로 시간을 읽는 두 가지의 방법을 소개한다.

다음은 오전 9시를 기준으로 한 다양한 시간 읽는 법이다.(오른쪽의 시간 읽는 방법은 요즘 많이 통용되는 간단한 시간 읽는 방법이다. 하지만 왼쪽의 방법이 전통적으로 독일인들이 많이 사용하고 있는 방법이므로 잘 알아두어야 한다.)

시간	읽는 법 1	읽는 법 2
09:00	Es ist neun.	Es ist neun Uhr.
09:05	Es ist fünf (Minuten) nach neun.*	Es ist neun Uhr fünf.
09:15	Es ist Viertel** nach neun.	Es ist neun Uhr fünfzehn.
09:20	Es ist zehn vor halb zehn.	Es ist neun Uhr zwanzig.
09:30	Es ist halb zehn.***	Es ist neun Uhr dreißig.
09:40	Es ist zehn nach halb zehn.	Es ist neun Uhr vierzig.
09:45	Es ist Viertel vor zehn.	Es ist neun Uhr fünfundvierzig.
09:55	Es ist fünf vor zehn.	Es ist neun Uhr fünfundfünfzig.

* '5분 지난 9시'라고 이해하면 된다.
** Viertel은 4분의 1이므로 '4분의 1시간'으로 이해한다.
*** 9시 30분은 halb zehn, 즉 '30분이 지나면 10시가 됨'을 의미한다.

12시~24시 사이의 시간도 위의 원리에 따라 읽는다.

14:00	vierzehn Uhr
15:10	zehn nach fünfzehn 혹은 fünfzehn Uhr zehn
19:15	Viertel nach neunzehn 혹은 neunzehn Uhr fünfzehn
23:45	Viertel vor zwölf (nachts) 혹은 dreiundzwanzig Uhr fünfundvierzig

다음은 시간 읽는 법을 중심으로 한 대화이다.

A : Wann kommt der Zug an? 기차가 언제 도착하죠?
B : Um halb 10. 9시 반에요.
A : Wie viel Uhr ist es jetzt? 지금은 몇 시죠?
B : Es ist 9 Uhr 20. 9시 20분입니다.

주의!	**halb zehn은 10시 30분이 아니라 9시 30분이다.** '30분(halb)만 더 있으면 10시(zehn)가 된다'는 의미로 받아들여야 한다.

연습문제

A. 다음 숫자를 독일어로 읽고 써 봅시다.

1) 17 : _____

2) 23 : _____

3) 66 : _____

4) 77 : _____

5) 85 : _____

6) 99 : _____

7) 101 : _____

8) 467 : _____

9) 6789 : _____

B. 다음 밑줄 친 부분의 숫자를 독일어로 읽고 써 봅시다.

1) Er ist am 16. Mai geboren.

   _____

2) Sie ist schon ein 80er.

   _____

3) $\frac{3}{7}$

   _____

4) Er wohnt im 7. Stock.

   _____

5) Das kostet €40,50.

   _____

연습문제

6) In <u>1988</u> bin ich geboren.

_____

7) Die Handynummer lautet <u>0173872254</u>.

_____

8) Heute ist der <u>21</u>. Oktober.

_____

C. 다음 시간을 독일어로 읽고 써 봅시다.(본문의 읽는 법 1 기준)

Wie spät ist es?

1) Es ist 08:15.   _____

2) Es ist 09:30.   _____

3) Es ist 14:45.   _____

4) Es ist 07:55.   _____

5) Es ist 12:25.   _____

6) Es ist 18:35.   _____

독일 유학, 이것만 알면 된다!

독일에서 아르바이트는?

대학교에 정식 입학했을 경우에는 기본적으로 비자를 취득할 수 있으며 2년마다 갱신하는 것이 보통이다. 유학생 신분으로서 아르바이트 역시 가능한데, 2012년 개정된 독일 체류법에 의하면 비유럽연합 국가 출신의 학생은 120일 동안의 전일제(ganze Tage) 아르바이트, 혹은 240일 동안의 반일제(halbe Tage) 아르바이트가 허용된다. 물론 어학연수 비자로는 아르바이트가 불가능하다.

대체로 외국인으로서 아르바이트의 기회는 그리 많지 않으나 현지 한인 사회를 중심으로 한 아르바이트 구하기는 상대적으로 더 수월하다고 할 수 있다. 아이 돌보기, 식당 서빙 같은 아르바이트가 있으며, 한인 사회 내에서 주재원이나 교민 가족에 대한 학습지도, 현지 한인회사에서의 간단한 업무보조 등도 이루어질 수 있다. 때에 따라 박람회나 한국 관련 회사에서 통번역 인력을 구하는 경우도 있다.

유학생의 경우 학업에 투자해야 할 시간을 아르바이트에 쏟아부을 경우 정상적인 학업을 마칠 가능성이 줄어드는 것이기 때문에 학업에 지장을 주는 과도한 아르바이트는 피하는 것이 좋다. 초기에는 언어와 학업에 집중할 수 있도록 여건을 마련하고, 유학생활의 어려움을 잘 극복할 수 있다는 믿음이 생긴 후 아르바이트를 시작해도 늦지 않다.

Chapter 9

복합동사

복합동사란 기본동사의 앞부분, 즉 접두어와 결합하여 사용되는 동사를 말하며, 복합동사에는 분리동사와 비분리동사가 있다. 복합동사의 구조는 **'전철(前綴)+기본동사'**로 이루어져 있다. 분리할 수 있는 전철을 분리전철, 분리할 수 없는 전철을 비분리전철이라고 한다. 분리전철은 문장 내에서 기본동사와 분리되어 문장의 맨 끝에 위치하기 때문에 이러한 분리전철이 사용된 동사를 분리동사라 한다. 반면에 독립적으로 낱말을 형성하지 못하는 비분리전철들은 기본동사와 분리되지 않은 채 쓰인다. 이러한 비분리전철과 결합된 동사를 비분리동사라고 한다.

1. 분리동사

'분리전철+기본동사'로 이루어진 복합동사를 분리동사라 한다. 분리전철은 보통 ab, ein, hin, zurück 등과 같은 부사와 mit, auf, an, aus와 같은 전치사로 이루어져 있다.

예 **an**kommen(도착하다) = an(분리전철)+kommen(기본동사, 오다)
   abfahren(출발하다) = ab(분리전철)+fahren(기본동사, 가다)

실제 문장 내에서 분리동사가 어떻게 쓰이는지 관찰해 보자.

1) 분리전철이 전치사인 경우
   ankommen: Mein Vater **kommt** heute in Hamburg **an**. 나의 아버지는 오늘 함부르크에 도착한다.
   aussteigen: Sie **steigt** in Dresden **aus**. 그녀는 드레스덴에서 하차한다.

2) 분리전철이 부사인 경우
   abfahren: Ich **fahre** mit dem Zug um 12 Uhr **ab**. 나는 12시에 기차를 타고 출발한다.

zurückkommen: Er **kommt** morgen **zurück**. 그는 내일 되돌아온다.

이처럼 분리동사의 분리전철은 보통 전치사와 부사로 이루어진 경우가 대부분이나 형용사, 명사, 동사인 경우도 있다. 여러 가지 품사가 분리전철로 쓰이는 예는 다음과 같다.

fernsehen: Jeden Abend **sieht** er **fern**. 그는 매일 저녁 TV를 시청한다.(분리전철이 형용사)
teilnehmen: Ich **nehme** an dem Seminar **teil**. 나는 세미나에 참가한다.(분리전철이 명사)
kennenlernen: Im Ausland **lernt** man viele Leute **kennen**. 사람들은 외국에서 많은 사람들을 사귄다.
　　　　　　(분리전철이 동사)

분리동사의 과거분사형은 기본동사의 과거분사 앞에 분리전철이 위치한 형태이다.
　예 anrufen(전화하다)의 과거분사형은 **an**gerufen

분리동사의 zu 부정법 형태는 분리전철과 기본동사 사이에 zu가 위치한 형태이다.
　예 abfahren(출발하다)의 zu 부정법 형태는 **abzufahren**

2. 비분리동사

'비분리전철+기본동사'로 이루어진 복합동사를 비분리동사라 한다. 다음과 같이 비분리전철은 오직 8개만 존재한다.

비분리전철	**be-, ge-, er-, ver-, zer-, emp-, ent-, miss-**

비분리전철로 만들어진 비분리동사의 예 :
besuchen(방문하다), **ge**hören(~에 속하다), **er**klären(설명하다), **ver**stehen(이해하다), **zer**brechen(깨지다), **emp**fehlen(추천하다), **ent**scheiden(결정하다), **miss**brauchen(남용하다)

비분리동사의 특징	1. 악센트가 비분리전철에 없고 기본동사의 어간 모음에 있다. 　(bes**ú**chen) 2. 비분리동사의 과거분사에는 ge-를 붙이지 않는다. 　(besuch**t**, *주의 : be**ge**sucht) 3. 비분리전철은 어느 경우에도 분리되지 않는다. 　(Ich **besuche** meine Eltern. 나는 부모님을 방문한다.) 4. zu 부정법에서 zu는 비분리동사 전체의 앞에 위치한다. 　(Er kommt zu mir, um mich **zu besuchen**. 그는 나를 방문하기 위해 내게로 온다.)

비분리동사의 시제		
현재	Sie bestellt zwei Tassen Kaffee.	그녀는 커피 두 잔을 주문한다.
과거	Sie bestellte zwei Tassen Kaffee.	그녀는 커피 두 잔을 주문했다.
현재완료	Sie hat zwei Tassen Kaffee bestellt.	그녀는 커피 두 잔을 주문했다.
과거완료	Sie hatte zwei Tassen Kaffee bestellt.	그녀는 커피 두 잔을 주문했었다.
미래	Sie wird zwei Tassen Kaffee bestellen.	그녀는 커피 두 잔을 주문할 것이다.
미래완료	Sie wird zwei Tassen Kaffee bestellt haben.	그녀는 커피 두 잔을 주문했을 것이다.

3. 분리-비분리동사

경우에 따라 분리할 수도 있고, 분리하지 않을 수도 있는 동사를 분리-비분리동사라 한다. 보통 **durch-, über-, um-, unter-, wider-, wieder-**로 시작하는 복합동사들이 이에 해당한다.

분리-비분리동사는 분리동사로 쓰일 경우 강세가 분리전철에 있고, 글자 그대로의 의미를 지니고 있으며, 비분리동사로 쓰일 경우에는 강세가 기본동사의 어간 모음에 있고 추상적인 의미를 지니게 된다.

	wiederholen	übersetzen
분리	Der Schüler holt seine Tasche wieder. 그 학생은 자기의 가방을 <u>다시 가져온다</u>.	Der Fährmann setzt uns auf das andere Ufer über. 사공이 우리를 다른 강변으로 <u>건네준다</u>.
비분리	Der Schüler wiederholt die Übungen. 그 학생은 연습문제들을 <u>반복한다</u>.	Er übersetzt den Roman ins Koreanische. 그는 그 소설을 한국어로 <u>번역한다</u>.

❀ 독일 속담에 대해 알아볼까요?

· Kein Rauch ohne Flamme.
 아니 땐 굴뚝에 연기 나랴.

· Aus den Augen, aus dem Sinn.
 안 보면 멀어진다.

연습문제

A. 다음 보기에서 분리동사와 비분리동사, 그리고 분리-비분리동사를 구분하여 나열해 봅시다.

> **보기**
> aufstehen, zusenden, ankommen, erfinden, widersprechen, bezahlen, zerbrechen, fernsehen, teilnehmen, vorbereiten, aussteigen, übersetzen, kennenlernen, empfangen, wiederholen, entschuldigen, einschalten, abholen, umsteigen, ausgehen

1) 분리동사 : _____

   _____

   _____

2) 비분리동사 : _____

   _____

3) 분리-비분리동사 : _____

B. 보기와 같이 복합동사를 이용하여 문장을 완성해 봅시다.

> **보기**　er – anrufen – sie – jeden Tag　→　Er ruft sie jeden Tag an.

1) ich – ankommen – in Frankfurt – pünktlich

   _____.

2) der Chef – besuchen – morgen – das Museum

   _____.

3) Herr Müller – übersetzen – den Brief – ins Englisch

   _____.

4) Frau Meier – abholen – ein Päckchen – von der Post

   _____.

5) Meine Mutter – vereinbaren – mit ihr – einen Termin

   _____.

연습문제

6) Simon – abheben – Geld – am Bankautomaten

   _____.

7) Isabella – aufräumen – ihr Zimmer

   _____.

8) Opa – empfehlen – mir – ein Konzert

   _____.

C. 다음은 대학생 Rainer Braun의 일상이다. 그의 일정을 문장으로 완성해 봅시다.

> **Rainer Braun**
> um 6 Uhr aufstehen • eine Tasse Kaffee trinken • von 7 bis 8 Uhr die Hausarbeit vorbereiten • um 8:30 Uhr mit der U-Bahn zur Universität fahren • am Hauptbahnhof aussteigen • um 9 Uhr in der Uni ankommen • mit seinem Professor kurz sprechen • mit dem Seminar um 10 Uhr beginnen und um 12 Uhr aufhören • seiner Freundin begegnen • mit ihr um 13 Uhr zu Mittag essen • am Nachmittag noch an einer Vorlesung teilnehmen • um 17 Uhr von der Uni abfahren • um 18 Uhr zu Hause sein • zum Abendessen seinen Freund einladen • nach dem Essen gern fernsehen • um 22 Uhr ins Bett gehen

독일 유학, 이것만 알면 된다!

독일에서 집 구하기

유학 목적의 장기간의 독일 체류는 집을 구하는 시점부터 시작된다고 할 수 있다. 각 대학에 있는 학생후생처(Studentenwerk)에서 기숙사를 신청하거나 거주하려는 도시의 지역신문, 그리고 대학 게시판이나 인터넷 등을 통해 정보를 입수하고 직접 전화하여 방을 구하는 방법이 있다. 집을 구하는 데 있어 고려해야 할 사항은 일반적으로 1) 월세 수준, 2) 교통의 용이성, 3) 위치 및 주변 환경 등이다.

처음 집을 계약할 때 월세 말고도 보증금(Kaution)을 지불해야 하는데, 보통 세 달치 월세 수준이다. 월세는 보통 Kaltmiete(난방 제외 월세)와 Nebenkosten(난방비와 기타 비용)으로 구성되어 있는데, 만일 주택 광고에서 KM 400 Euro + NK 100 Euro이라고 되어 있다면, 도합 500유로(한화 약 65만 원)의 월세를 지불해야 한다는 뜻이다. 이 경우 보증금은 세 달치 월세인 1,500유로로서, 약 2,000유로(한화 약 260만 원)의 초기 비용이 든다. 나중에 이사를 하고자 할 때는 반드시 이사 시점의 3개월 전에 계약 해지(Kündigung)를 해야 하며, 그동안 사용한 집에 아무런 이상이 없는 경우 보증금은 돌려받는다.

집을 계약할 때는 독일 사정을 잘 아는 한국인 유학생 선배나 교민, 혹은 독일인의 도움을 받아 계약을 하는 것이 좋다. 계약 시 집주인이 세입자에게 월세를 이상 없이 지불할 수 있다는 보증인의 보증서를 요구하기도 하니 참고해야 한다.

Chapter 10

현재완료

독일어의 시제는 6시제로 나뉘며 현재, 과거, 현재완료, 과거완료, 미래, 미래완료가 있다. 그중 현재 완료는 쓰임이 많아 매우 중요하다. 독일어의 현재완료는 영어와 달리 시점상 과거와 동일하며 구어체와 문어체에 두루 사용된다. 현재완료의 기본 구조는 다음과 같다.

현재완료의 기본 구조
sein/haben(완료조동사) + …… + PII(과거분사)

즉, sein 동사나 haben 동사를 완료조동사로 이용하고, 문장 제일 끝에 과거분사를 위치시키는 것이 현재완료의 기본 골격이 된다.

예 Ich **bin** gestern nach Frankfurt **gefahren**. 나는 어제 프랑크푸르트로 갔다.
　　Er **hat** gestern ein Glas Wein **getrunken**. 그는 어제 포도주 한 잔을 마셨다.

이와 같이 이미 지난 과거의 일에 대해서는 현재완료 시제를 이용하여 표현하며, 과거분사로 사용된 동사의 성질에 따라 어떤 조동사가 선택될지 결정된다. 즉, 완료조동사 sein과 결합하는 경우와 haben과 결합하는 경우로 나뉜다.

1. sein과 결합

1) 장소의 이동을 나타내는 자동사

gehen, kommen, fahren, fliegen, laufen, steigen, fallen 등 '장소의 이동'을 나타내는 자동사는 현재완료에서 조동사 sein을 사용한다.

예 Ich **bin** nach Haus **gegangen**. 나는 집으로 갔다.
　　Sie **ist** schnell **gelaufen**. 그녀는 빨리 뛰었다.

2) 상태의 변화를 나타내는 동사

sterben, wachsen, einschlafen, aufstehen과 같이 '상태의 변화'를 나타내는 동사는 sein 동사와 결합하여 현재완료를 만든다.

> 예) Er **ist** am 11. Mai **gestorben**. 그는 5월 11일에 죽었다.
> Sie **ist** um 8 Uhr **aufgestanden**. 그녀는 8시에 일어났다.

3) sein, bleiben, werden

sein, bleiben, werden 동사가 과거분사로 사용되어 현재완료를 만들 때는 sein 동사와 결합한다.

> 예) Ich **bin** gestern in Frankfurt **gewesen**. 나는 어제 프랑크푸르트에 있었다.
> Wir **sind** lange zu Hause **geblieben**. 우리는 오랫동안 집에 머물렀다.
> Meine Tante **ist** alt **geworden**. 나의 숙모님은 나이가 들었다.

2. haben과 결합

sein과 결합하는 동사를 제외한 모든 동사는 haben과 결합하여 현재완료를 만든다. 완료형에서 haben과 결합하는 동사는 다음과 같다.

1) 모든 타동사

sehen, machen, lesen, lieben, kaufen, schicken 등 4격 목적어를 필요로 하는 모든 타동사는 현재완료에서 haben과 결합한다.

> 예) Sie **hat** ihren Freund vor dem Kino **gesehen**. 그녀는 극장 앞에서 그녀의 남자친구를 보았다.
> Ich **habe** gestern ein Buch **gelesen**. 나는 어제 책 한 권을 읽었다.

2) 재귀동사

sich setzen, sich freuen 등 모든 재귀동사는 현재완료에서 haben과 결합한다.

> 예) Sie **hat** sich auf das Sofa **gesetzt**. 그녀는 소파에 앉았다.
> Er **hat** sich über das Geschenk **gefreut**. 그는 그 선물에 대해 기뻐했다.

3) 비인칭동사

es regnet, es schneit, es donnert, es blitzt와 같은 비인칭동사는 현재완료에서 haben과 결합한다.

> 예) Letztes Jahr **hat** es viel **geregnet**. 작년에는 비가 많이 왔다.
> Es **hat** in diesem Winter nicht viel **geschneit**. 이번 겨울에는 눈이 많이 내리지 않았다.

3. 과거분사 형태

현재완료에서 이용되는 동사의 과거분사 형태는 다음과 같은 원리에 의해 만들어진다.

1) 규칙동사의 과거분사 형태 : ge+어간+(e)t(어간의 모음이나 자음이 규칙적)

- **예** **hören**(듣다)의 과거분사 : **ge**hör**t**
  warten(기다리다)의 과거분사 : **ge**wart**et**

2) 불규칙동사의 과거분사 형태 : **ge**+어간+**en**(어간의 모음이나 자음이 불규칙적)
   - **예** **schreiben**(쓰다)의 과거분사 : **ge**schrieb**en**
     schneiden(자르다)의 과거분사 : **ge**schnitt**en**

3) 불규칙동사 중에는 규칙동사의 과거분사 형태 : **ge**+어간+**(e)t**를 취하면서 어간이 불규칙적으로 변하는 혼합변화 동사들이 있다.
   - **예** **denken**(생각하다)의 과거분사 : **ge**dach**t**
     bringen(가져가다)의 과거분사 : **ge**brach**t**

4) 그 밖의 과거분사 형태
   -ieren으로 끝난 동사의 과거분사에는 ge를 붙이지 않는다.
   - **예** studieren의 과거분사 : **studiert**

   비분리동사의 과거분사에는 ge를 붙이지 않는다.
   - **예** besuchen의 과거분사 : **besuch**t

   분리동사의 과거분사는 본동사의 과거분사 앞에 분리전철이 붙는 형태이다.
   - **예** einschlafen의 과거분사 : **ein**geschlafen

주의! 교재 부록의 불규칙동사 변화표를 이용하여 불규칙동사의 과거, 과거분사형을 외우도록 한다.

연습문제

A. 보기와 같이 다음 문장을 현재완료로 고쳐 써 봅시다.

> 보기   ich mache : ich habe gemacht.

1) du gehst : _____.

2) du isst : _____.

3) ihr trinkt : _____.

4) sie läuft : _____.

5) er springt : _____.

6) ich male : _____.

7) er liest : _____.

8) wir denken : _____.

9) sie steht auf : _____.

10) sie bleiben : _____.

11) ihr studiert : _____.

12) sie bringen : _____.

B. 보기와 같이 다음 단어를 이용하여 현재완료 의문형으로 완성해 봅시다.

> 보기   wohin – er – gehen   →   Wohin ist er gegangen?

1) wann – Sie – einen Fehler – machen

   _____?

2) wo – du – meine Tasche – finden

   _____?

3) wo – Sie – Deutsch – lernen

   _____?

연습문제

4) wann – du – gestern – einschlafen

   _____?

5) warum – sie(Sg.) – früh – zur Schule – gehen

   _____?

6) wann – der Zug – abfahren

   _____?

7) um wieviel Uhr – Sie – gestern – schlafen

   _____?

8) wo – ihr – frisches Obst – einkaufen

   _____?

9) wo – du – am Wochenende – arbeiten

   _____?

10) was – er – gestern – zu Hause – lesen

   _____?

C. 보기와 같이 다음 단어를 현재완료 문장으로 완성해 봅시다.

> **보기**   Michael – zur Firma – laufen → Michael ist zur Firma gelaufen.

1) Peter – mit dem Fahrrad – fahren

   _____.

2) Karolin – den ganzen Tag – arbeiten

   _____.

3) Petra – manchmal – im Internet – surfen

   _____.

연습문제

4) Martin – um 22 Uhr – ins Bett – gehen

_____.

5) ich – heute – um 7 Uhr – aufstehen

_____.

6) Sie – mit Ihrer Freundin – telefonieren

_____.

7) Daniel – gestern – seinen Arzt – besuchen

_____.

8) ihr – um 11 Uhr – nach Bonn – abfahren

_____.

9) wir – im Supermarkt – Obst – einkaufen

_____.

10) er – mich – dem Chef – empfehlen

_____.

독일 유학, 이것만 알면 된다!

은행 계좌 개설하기

독일에 체류하기 위해 필수적인 과정 중 하나가 바로 은행 계좌를 개설하는 것이다. 계좌를 통해 집세와 더불어 각종 공과금도 내야 하기 때문이다. 은행 계좌는 독일어로 콘토(Konto)라고 하며, 유학생이 사용할 수 있는 계좌는 일반적으로 지로콘토(Girokonto)와 슈페어 콘토(Sperrkonto)가 있다.

지로콘토는 입출금이 자유로운 예금계좌로서 인터넷뱅킹이 가능하며 직불카드 신청도 가능하다. 은행에서 신청서 작성 후 며칠 뒤에 아이디, 비밀번호 등 개인 정보가 우편으로 발송된다. 계좌를 개설하기 위해서는 여권과 재학 증명서, 혹은 거주지 등록증 등이 필요할 수 있으니 먼저 은행에 계좌 신청 시 필요 서류들이 무엇인지 확인해야 한다.

유학생의 경우는 따로 슈페어콘토를 개설해야 한다. 우선 1년 체류에 필요한 최소액(약 8천 유로)을 슈페어콘토에 예치해야 하고 이로써 체류허가에 필요한 재정 증빙이 가능하다. 예치된 금액은 한 달에 출금할 수 있는 상한선이 있다. 유학생 송금을 이용할 경우 독일 현지에 계좌 개설 완료 후 한국의 가족에 계좌번호를 알려주고 한국에서 송금하도록 하면 된다.

Chapter 11

동사의 과거

지나간 사건, 시점상 과거의 일에 대해서 과거형이 쓰이며 주로 문어체(소설, 신문기사 등)에서 사용된다. 그런데 동사의 현재형이 주어의 인칭에 따라 변화하듯이 과거형도 주어의 인칭에 따라 변화를 한다. 먼저 과거인칭변화의 형태를 알기 전에 동사의 과거가 어떤 형태로 만들어지는가를 습득해야 한다. 독일어 동사는 변화 형태에 따라 크게 규칙(약변화)동사와 불규칙(강변화)동사로 나뉜다.

1. 규칙동사(약변화동사)

규칙동사는 현재인칭변화에서도 규칙적으로 변화하는 것처럼 과거 형태도 일률적이다. 일반적으로 독일어 동사의 형태는 영어처럼 현재, 과거, 과거분사로 나뉘게 되는데 규칙동사는 동사의 어간 끝에 **-te**를 붙여 과거형을 만든다. 또한 규칙동사의 과거분사는 어간 앞에 ge-, 어간 끝에 -t를 붙인다. 이것을 도표로 나타내면 다음과 같다.

구분	부정형*	과거	과거분사
형태	어간+en	어간+te	ge+어간+t

*부정형(不定形)은 동사의 기본형을 뜻한다.

예를 들면 '사랑하다'라는 뜻을 가진 lieben 동사의 어간은 lieb이다. 그 어간에 te를 붙이면 liebte가 된다. 이것이 바로 lieben 동사의 과거형이다. 또한 과거분사는 geliebt가 된다. 이와 같이 과거형에 -te를 붙이고 과거분사형에 ge—t를 붙여 형태를 만드는 동사를 규칙동사 혹은 약변화동사라고 한다.

다음과 같은 동사는 규칙동사이며 과거 형태는 다음과 같다.

구분	부정형	과거	과거분사
규칙동사	kochen(요리하다)	koch**te**	**ge**koch**t**
	machen(하다)	mach**te**	**ge**mach**t**
	arbeiten(일하다)	arbei**te**te	**ge**arbei**tet**
	öffnen(열다)	öffn**e**te	**ge**öffn**et**
	wandern(방랑하다)	wander**te**	**ge**wander**t**

2. 불규칙동사(강변화동사)

독일어에서는 규칙동사보다는 불규칙동사가 더 중요하다. sein, haben과 같이 중요도가 있는 몇 개의 조동사도 불규칙동사에 포함된다. 즉, 위의 도표에 따른 규칙동사와는 다른 과거와 과거분사의 형태를 갖는 동사들이 바로 불규칙동사들이다. 이러한 동사는 외우는 방법밖에 없다. 사전이나 각종 독일어 문법서 끝부분에 보통 불규칙동사의 현재-과거-과거분사 변화표가 수록되어 있다.(본 책의 부록 참조) 여기에서는 주요 동사의 몇 가지의 예만 수록하도록 한다.

구분	부정형	과거	과거분사
불규칙동사	beginnen(시작하다)	begann	begonnen
	bieten(제공하다)	bot	geboten
	bitten(청하다)	bat	gebeten
	bleiben(머무르다)	blieb	geblieben
	bringen(가져오다)	brachte	gebracht
	denken(생각하다)	dachte	gedacht
	essen(먹다)	aß	gegessen
	fahren(타고 가다)	fuhr	gefahren
	fangen(잡다)	fing	gefangen
	finden(찾다)	fand	gefunden
	geben(주다)	gab	gegeben
	gehen(가다)	ging	gegangen
	haben(가지다)	hatte	gehabt
	halten(멈추다)	hielt	gehalten
	heißen(~라고 부르다)	hieß	geheißen
	helfen(돕다)	half	geholfen
	kommen(오다)	kam	gekommen

laufen(달리다)	lief	gelaufen
lesen(읽다)	las	gelesen
liegen(놓여 있다)	lag	gelegen
nehmen(받다)	nahm	genommen
rufen(부르다)	rief	gerufen
schlafen(잠을 자다)	schlief	geschlafen
schliessen(닫다)	schloss	geschlossen
schreiben(쓰다)	schrieb	geschrieben
sehen(보다)	sah	gesehen
sein(~이다)	war	gewesen
sitzen(앉다)	saß	gesessen
sprechen(말하다)	sprach	gesprochen
stehen(서다)	stand	gestanden
steigen(오르다)	stieg	gestiegen
treffen(만나다)	traf	getroffen
trinken(마시다)	trank	getrunken
waschen(씻다)	wusch	gewaschen
werden(되다)	wurde	geworden
werfen(던지다)	warf	geworfen
wissen(알다)	wusste	gewusst
ziehen(당기다)	zog	gezogen

3. 동사의 과거인칭변화

동사의 현재인칭변화에서 동사가 인칭에 따라 변화하는 것을 알 수 있었듯이 과거형도 인칭에 따라 변하게 된다. 하지만 현재인칭변화와 비슷한 방법으로 변하니 그 변화하는 방식만 잘 알아두면 동사의 과거를 인칭에 따라 변화시킬 수 있다.(도표 참조)

	단수(Sg.)		복수(Pl.)	
1인칭	ich	–	wir	**-en**
2인칭	du	**-st**	ihr	**-t**
3인칭	er / sie / es	–	sie / Sie	**-en**

1) 위의 도표에 따라 sagen(말하다)을 인칭에 맞게 변화시키면 다음과 같다.

	단수(Sg.)		복수(Pl.)	
1인칭	ich	**sagte**	wir	**sagten**
2인칭	du	**sagtest**	ihr	**sagtet**
3인칭	er / sie / es	**sagte**	sie / Sie	**sagten**

위의 변화형을 살펴보면 현재인칭변화와 비교하여 약간 다른 부분이 있다. 바로 단수 1인칭과 3인칭에서 변화가 없다는 것이다. 규칙동사 sagen(말하다)의 과거는 sagte인데, 단수에서 ich sagte, er sagte가 되어 1인칭과 3인칭의 변화 형태가 동일하다는 것이다. 2인칭만 -st를 붙여준다.

또한 규칙동사뿐만 아니라 불규칙동사에도 과거인칭변화가 동일하게 적용된다. gehen(가다)의 과거인칭변화 형태를 살펴보자.

	단수(Sg.)		복수(Pl.)	
1인칭	ich	**ging**	wir	**gingen**
2인칭	du	**gingst**	ihr	**gingt**
3인칭	er / sie / es	**ging**	sie / Sie	**gingen**

이렇듯 규칙동사의 과거인칭변화와 불규칙동사의 과거인칭변화가 같은 방법으로 변화된다는 사실을 알 수 있다. 다음 동사들의 과거인칭변화를 익히도록 하자.

	규칙동사			불규칙동사		
	kochen	**arbeiten**	**öffnen**	**geben**	**nehmen**	**helfen**
ich	kochte	arbeitete	öffnete	gab	nahm	half
du	kochtest	arbeitetest	öffnetest	gabst	nahmst	halfst
er / sie / es	kochte	arbeitete	öffnete	gab	nahm	half
wir	kochten	arbeiteten	öffneten	gaben	nahmen	halfen
ihr	kochtet	arbeitetet	öffnetet	gabt	nahmt	halft
sie / Sie	kochten	arbeiteten	öffneten	gaben	nahmen	halfen

sein, haben, werden의 과거인칭변화는 다음과 같다. sein, haben, werden은 조동사로도 자주 사용되기 때문에 각각의 변화형을 잘 익혀 둬야 한다.

	불규칙동사		
	sein	**haben**	**werden**
ich	war	hatte	wurde
du	warst	hattest	wurdest
er / sie / es	war	hatte	wurde
wir	waren	hatten	wurden
ihr	wart	hattet	wurdet
sie / Sie	waren	hatten	wurden

특히 이 동사들은 현재완료형보다 과거형이 주로 이용된다. 즉 "나는 베를린에 있었다."의 경우, "Ich bin in Berlin gewesen.(현재완료)"보다 "Ich war in Berlin.(과거)"가 사용빈도가 크다는 것이다.

불규칙동사의 과거형은 과거분사와 함께 외워두어야 한다. 부록에 수록된 불규칙동사 변화표를 이용하여 모든 불규칙 변화 동사의 3요형(현재-과거-과거분사)을 외우고 그 이외의 동사는 규칙동사라고 생각하면 된다.

❀ 독일 속담에 대해 알아볼까요?

· Alter schützt vor Torheit nicht.
나이가 들어도 바보짓은 한다.

· Gleiches mit Gleichem vergelten.
눈에는 눈 이에는 이.

연습문제

A. 보기와 같이 다음 동사의 현재-과거-과거분사에서 과거형을 완성해 봅시다.

> 보기: machen – (machte) – gemacht

1) suchen – (　　　) – gesucht　　2) warten – (　　　) – gewartet
3) fahren – (　　　) – gefahren　　4) nehmen – (　　　) – genommen
5) schlafen – (　　　) – geschlafen　6) helfen – (　　　) – geholfen
7) studieren – (　　　) – studiert　　8) lesen – (　　　) – gelesen
9) bieten – (　　　) – geboten　　10) liegen – (　　　) – gelegen

B. 보기와 같이 현재형 문장을 과거형 문장으로 바꾸어 봅시다.

> 보기: Ich bin in Frankfurt. → Ich war in Frankfurt.

1) Er hat im Urlaub schönes Wetter.
　_____.

2) Wo seid ihr denn?
　_____?

3) Tina gibt ihrer Schwester eine Tasche.
　_____.

4) Jürgen spielt gern Fussball.
　_____.

5) Lisa wird plötzlich krank.
　_____.

6) Mein Freund kommt zu meiner Party.
　_____.

연습문제

7) Der Minister fliegt nach Berlin.

　　_____.

8) Du musst noch lernen.

　　_____.

9) Die Chefin will nicht kommen.

　　_____.

10) Emils Fahrrad fährt nicht.

　　_____.

C. 다음 지문의 현재형을 과거형으로 고쳐 완성해 봅시다.

> 　　Die Ferien meiner Kindheit verbringe ich bei den Großeltern in der Schweiz. Meine Mutter bringt mich zum Bahnhof, setzt mich in den Zug, und wenn ich Glück habe, kann ich sitzen bleiben und komme nach sechsstündiger Fahrt an dem Bahnsteig an, an dem der Großvater mich erwartet.

_____
_____
_____
_____
_____
_____

독일 유학, 이것만 알면 된다!

독일 대학 지원 시기

독일의 학기는 여름학기(Sommersemester, 4월 경 시작)와 겨울학기(Wintersemester, 10월 경 시작)로 나뉘며, 일반적으로 겨울학기에 정식 학기가 시작된다. 즉, 독일에서는 10월 입학(겨울학기)이 한국의 3월 입학과 같다. 겨울학기에 대학에 입학하고자 하는 경우는 당해 7월 15일까지 원서접수가 이루어져야 하며, 여름학기에 입학하고자 하는 경우는 1월 15일까지 지원서가 접수되어야 한다. 원서접수에 대한 자세한 사항은 해당 대학의 홈페이지에서 확인할 수 있다.

지원 시 필요서류는 일반적으로 1) 지원서, 2) 고등학교 성적증명서 및 졸업증명서(영문), 3) 수능 성적, 4) 대학교 성적증명서 및 졸업증명서(영문), 5) 어학증명서 등이다. 이 밖에 대학에 따라 여권사진 및 여권 앞면 복사본, 그리고 이력서가 필요한 경우도 있다. 지원서는 각 대학의 홈페이지나 우니-아시스트(http://www.uni-assist.de)에서 다운로드할 수 있으며, 수능 성적은 한국교육과정평가원에서 영문으로 발급받을 수 있다.

지원서를 제출하면 일정 기간이 지난 후 입학허가서(Zulassung)를 받게 되는데, 이는 어학증명을 조건으로 한 허가서이기 때문에 독일 현지 대학 부설 어학원 등에서 어학강좌를 이수하고 DSH 시험에 합격한다면 등록이 가능하다. 어학시험에 합격하기 위해서는 일정 기간 시일이 걸리므로 지원 시기와 실제 입학일과는 차이가 있을 수 있다. 개인마다 차이가 있으나 약 1년 정도는 어학에 시간 투자를 해야 한다.

Chapter 12

화법조동사

독일어 화법조동사는 können, müssen, sollen, wollen, dürfen, mögen이 있으며, 동사 그 자체가 본동사로 쓰일 수 있으나 대부분은 다른 본동사를 돕는 조동사의 역할을 하고 있다. 조동사의 도움을 받는 원형 동사는 문장 끝에 자리잡는 것을 원칙으로 한다.

화법조동사가 포함된 문장의 공식
주어 + 화법조동사 + ⋯ + 원형 동사

1. 화법조동사의 현재인칭변화

	können	müssen	sollen	wollen	dürfen	mögen
ich	kann	muss	soll	will	darf	mag
du	kannst	musst	sollst	willst	darfst	magst
er / sie / es	kann	muss	soll	will	darf	mag
wir	können	müssen	sollen	wollen	dürfen	mögen
ihr	könnt	müsst	sollt	wollt	dürft	mögt
sie / Sie	können	müssen	sollen	wollen	dürfen	mögen

화법조동사는 불규칙 변화를 하며, 다른 불규칙 변화 동사들과는 달리 단수 1인칭까지 불규칙적으로 변화하는 것이 특징이다. 복수의 경우에는 규칙 변화를 한다.

2. 화법조동사의 용법

화법조동사의 대표적인 용법들은 다음과 같다.

1) können(~할 수 있다)
- 능력

  Sie **kann** Klavier spielen. 그녀는 피아노를 칠 수 있다.
  Ich **kann** Deutsch sprechen. 나는 독일어를 말할 수 있다.
- 가능

  Der Lehrer **kann** krank sein. 그 선생님은 아플 수도 있다.
  Morgen **kann** es regnen. 내일은 비가 올 수 있다.
- 허락

  Du **kannst** heute ins Kino gehen. 너는 오늘 극장에 갈 수 있다.
  Peter **kann** mitkommen. 페터는 함께 갈 수 있다.

2) müssen(~해야 한다)
- 당위

  Kinder **müssen** in die Schule gehen. 아이들은 학교에 가야 한다.
  Wir **müssen** uns beeilen, sonst verpassen wir den Zug. 우리는 서둘러야 한다. 그렇지 않으면 기차를 놓친다.
- 불필요

  Du **musst** nicht nach Hause fahren. 너는 집으로 갈 필요가 없다.
  Meine Mutter **muss** mir kein Geld schicken. 내 어머니는 나에게 꼭 돈을 보내야 하는 것은 아니다.
- 확신

  Der Lehrer **muss** krank sein. 그 선생님은 틀림없이 아플 것이다.
  Er **muss** der Täter sein. 그가 범인임이 틀림없다.

3) sollen(~해야 한다)
- 도덕적 당위

  Du **sollst** deine Eltern respektieren. 너는 부모님을 존경해야 한다.
  Die Kinder **sollen** nicht lügen. 아이들은 거짓말하면 안 된다.
- 소문

  Der Student **soll** heute nach Berlin fahren. 그 대학생은 오늘 베를린에 간다고 한다.
  Sie **soll** verheiratet sein. 그녀는 결혼했다고 한다.

4) wollen(~하고자 한다)
- 의지

  Wir **wollen** morgen nach Köln fahren. 우리는 내일 쾰른에 가려고 한다.
  In diesem Jahr **will** er die Prüfung machen. 금년에 그는 시험을 치를 것이다.

- 주장
  Er **will** 54 Jahre alt sein. 그는 54세라고 주장한다.
  Der Zeuge **will** den Mann gesehen haben. 그 증인은 그 남자를 보았다고 주장한다.

5) **dürfen**(~해도 좋다)
- 허락
  Man **darf** hier parken. 사람들은 여기에 주차해도 된다.
  Du **darfst** nach Hause gehen, wenn du mit der Arbeit fertig bist. 너는 일을 마친다면 집에 가도 좋다.
- 금지
  Das Kind **darf** nicht auf der Strasse spielen. 아이는 거리에서 놀면 안 된다.
  Hier **darf** man nicht parken. 여기는 주차하면 안 된다.
- 추측(접속법 2식)
  Meine Tante **dürfte** krank sein. 내 숙모님은 아플지도 모른다.
  Jetzt **dürften** sie im Kino sein. 지금 그들은 극장에 있을 것이다.

6) **mögen**(~을 좋아하다)
- 기호
  Ich **mag** moderne Musik. 나는 현대음악을 좋아한다.
  Magst du gern Fisch? 생선을 좋아하니?
- 추측
  Der Lehrer **mag** krank sein. 그 선생님은 아플지도 모른다.
  Seine Aussage **mag** wahr sein. 그의 진술은 사실일지도 모른다.
- 소망(접속법 2식)
  Ich **möchte** Kaffee. 나는 커피를 원한다.
  Möchten Sie eine Tasse Kaffee trinken? 커피 한잔 마시고 싶습니까?

möchten은 일상 독일어에서 자주 쓰이기 때문에 별개의 조동사로 다루기도 하는데, 원래 mögen의 접속법 2식이기 때문에 접속법의 어미변화에 따라 다음과 같이 인칭변화한다.

	möchten
ich	möchte
du	möchtest
er / sie / es	möchte
wir	möchten
ihr	möchtet
sie / Sie	möchten

3. 화법조동사의 과거형

화법조동사의 과거형은 다음과 같다. 화법조동사가 과거형으로 쓰이더라도 본동사가 원형으로 후치해야 하는 것은 변함이 없다.

	können	müssen	sollen	wollen	dürfen	mögen
ich	konnte	musste	sollte	wollte	durfte	mochte
du	konntest	musstest	solltest	wolltest	durftest	mochtest
er / sie / es	konnte	musste	sollte	wollte	durfte	mochte
wir	konnten	mussten	sollten	wollten	durften	mochten
ihr	konntet	musstet	solltet	wolltet	durftet	mochtet
sie / Sie	konnten	mussten	sollten	wollten	durften	mochten

예) Ich **konnte** gestern nicht nach Dresden fahren. 나는 어제 드레스덴에 갈 수 없었다.
Du **musstest** schon Hausaufgaben machen. 넌 이미 숙제를 해야 했다.
Er **wollte** nur die Wohnung besichtigen. 그는 단지 그 집을 구경하려고 했을 뿐이다.

❀ 독일 속담에 대해 알아볼까요?

· Gleich und gleich gesellt sich gern.
끼리끼리 논다.

· Man soll den Tag nicht vor dem Abend loben.
떡 줄 사람은 생각도 않는데 김칫국부터 마신다.

연습문제

A. 보기와 같이 주어진 화법조동사를 이용하여 문장을 완성해 봅시다.

> 보기 Ich kann dich morgen nicht anrufen. (können)

1) Wann _____ Sie Urlaub machen? (wollen)

2) Du _____ mir das sofort erklären. (sollen)

3) Man _____ hier nicht rauchen. (dürfen)

4) Ihr _____ eure Hausaufgaben sofort machen. (müssen)

5) Meine Frau _____ die Nachbarin nicht. (mögen)

6) Mein Chef _____ sein Auto fahren. (können)

7) Mein Kollege _____ seinen Platz am Fenster nehmen. (möchten)

8) _____ du keine Schokolade? (mögen)

9) _____ du meine Mutter vom Bahnhof abholen? (können)

10) Ihr _____ heute zu Hause arbeiten. (dürfen)

B. 보기와 같이 주어진 단어를 이용하여 문장을 완성해 봅시다.

> 보기 ich – reparieren – den Computer – nicht – können
> → Ich kann den Computer nicht reparieren.

1) das Zimmer – reservieren – Sie – für mich – können

   _____.

2) sollen – wann – nach Hause – fahren – wir

   _____?

3) dürfen – mal – ich – Ihren Fotoapparat – benutzen

   _____?

연습문제

4) ihr – möchten – heute – das Museum – besuchen

　　_____?

5) bis 20 Uhr – Hausaufgaben – müssen – machen – wir

　　_____.

C. 보기와 같이 문장의 밑줄 친 부분에 알맞은 화법조동사를 써넣어 봅시다.

> 보기　Martin <u>will</u> nächstes Jahr nach China fahren. (의지)

1) Hier _____ man nicht baden. (금지)

2) Du _____ heute länger arbeiten. (임무)

3) Er _____ Musik von Mozart. (기호)

4) In Spanien _____ das Wetter schön sein. (소문)

5) Herr Müller _____ sehr gut kochen. (능력)

6) Nur der Chef _____ die Tür öffnen. (허가)

독일 유학, 이것만 알면 된다!

거주지 등록(Anmeldung)과 체류 허가(Aufenthaltsgenehmigung)

집을 구하거나 임시 거처가 있을 경우 해당 도시에 거주지 등록을 해야 한다. 각 도시의 외국인청(Ausländerbehörde)에 거주지 등록을 해야 하며 신청양식이나 제출서류 등 상세 내용은 각 지역의 외국인청에 문의해야 한다. 일반적으로는 집 계약서와 여권이 필요하다. 거주지 등록과는 별도로 외국인들은 체류허가를 신청해야 한다. 한국인의 경우 90일 동안 무비자로 체류가 가능하지만 그 이상의 장기 체류 시에는 기간이 만료되기 전에 체류허가(비자)를 신청해야 한다.

체류허가를 위해서는 일반적으로 신청서, 거주지 등록증, 보험 가입 증명서, 여권, 재정보증서(슈페어콘토 등)가 필요하지만 지역별, 상황별로 제출서류가 다를 수 있으므로 각 도시의 외국인 관청에 사전에 문의를 해야 한다. 유학생의 경우 정식 대학생으로 등록된 다음부터는 2년간의 비자 기간을 보장받게 되며, 향후에는 2년 단위로 비자 연장 신청을 하게 된다.

정식 대학생으로 등록하기 이전, 즉 어학코스 수강생이거나 입학 준비생이라면 2년 단위의 비자를 보장받지 못하며 단기간의 체류만 허락된다. 때에 따라 수개월 단위로 비자 연장 신청을 해야 하는 경우도 생긴다. 비자에 대해서는 유학생으로서 겪는 스트레스가 크기 때문에 가급적 빨리 정식 대학생이 되는 길밖에 없다.

Chapter 13

형용사 변화

형용사 변화는 독일어 초보자들에겐 가장 어려운 문법 사항 중 하나이다. 형용사 변화는 강변화, 약변화, 혼합변화 등 세 가지로 구분되며 기본적으로는 이 세 가지 변화표를 외워야 한다. 하지만 간단한 원리와 함께 학습을 한다면 형용사 변화 어미를 습득하는 데 많은 도움이 된다.

1. 형용사의 용법

형용사에 어미변화를 하는 이유는 그것이 명사를 꾸며주는 역할을 하기 때문이다. 영어와는 달리 독일어의 명사에는 성과 격이 존재하므로 명사를 꾸며주는 형용사도 명사의 성과 격에 따른 어미를 변화시킴으로써 문장 내에서의 쓰임을 구분해 줄 수 있는 것이다. 일단 형용사에는 어떠한 용법이 있는지 살펴보자.

Das Auto ist schnell. 그 자동차는 빠르다.(형용사의 서술적 용법)
Das ist ein schnelles Auto. 이것은 하나의 빠른 자동차이다.(형용사의 부가어적 용법)
Das Auto fährt schnell. 그 자동차는 빨리 달린다.(부사)

이와 같이 형용사는 크게 서술적 용법과 부가어적 용법으로 나뉜다. 1) 형용사가 sein 동사와 함께 특별한 어미변화 없이 서술적 용법으로 사용될 수도 있고, 2) 명사를 수식해 주는 용법으로도 사용될 수 있으며, 3) 형용사가 명사가 아닌, 동사를 꾸며준다면 부사로도 사용될 수 있다. 형용사의 어미변화라고 하는 것은 바로 2)의 부가어적 용법으로 쓰였을 때이다. 꾸밈을 받는 명사의 성과 수, 격에 따라 형용사는 그 끝에서 어미변화를 한다.

2. 형용사 변화의 세 가지 유형

이렇게 꾸밈을 받는 명사의 성, 수, 격에 따라, 그리고 형용사 앞에 관사가 있는지에 따라 형용사 어미 변화는 크게 세 가지로 나뉜다. 기본적으로는 명사를 나타낼 때 기본인 '관사+명사' 사이에 형용사가 위치하고 있는 형태이다.

1) 무관사+형용사+명사(강변화) : **schnelles** Auto
2) 정관사+형용사+명사(약변화) : **das schnelle** Auto
3) 부정관사+형용사+명사(혼합변화) : **ein schnelles** Auto

강변화

기본 공식	무관사 + 형용사 + 명사

	남성(m.)	여성(f.)	중성(n.)	복수(pl.)
1격	-er	-e	-es	-e
2격	***-en**	-er	***-en**	-er
3격	-em	-er	-em	-en
4격	-en	-e	-es	-e

*남성 2격과 중성 2격은 -es가 아니라 -en임을 주의.

형용사 앞에 무관사일 때(관사가 없을 때) 그 형용사의 어미는 강하게 변화한다고 하여 강변화이며, 이때 정관사 어미의 변화형과 대체로 일치한다.(남성, 중성 2격은 예외적으로 -en)

강변화 형용사 어미를 사용한 문장의 예는 다음과 같다.

a. Ich trinke kalt**es** Wasser. 나는 차가운 물을 마신다.(중성 4격 어미)
b. Paul liest deutsch**e** Bücher. 파울은 독일 책을 읽는다.(복수 4격 어미)

a 문장에서 kaltes Wasser가 4격 목적어이고 Wasser가 중성명사이므로 형용사 변화형은 중성 4격인 -es이다. b 문장에서는 Bücher가 복수명사이고 동사 lesen의 목적어이므로 형용사 deutsch는 -e라는 어미와 결합한다.

약변화

기본 공식	정관사 + 형용사 + 명사

형용사 앞에 정관사나 정관사류가 위치해 있을 때의 형용사 어미변화는 약변화라 하여 -e나 -en 둘 중의 하나로 변화한다.

	남성(m.)	여성(f.)	중성(n.)	복수(pl.)
1격	-e	-e	-e	-en
2격	-en	-en	-en	-en
3격	-en	-en	-en	-en
4격	-en	-e	-e	-en

형용사 약변화를 이용한 문장의 예는 다음과 같다.

a. Der alte Mann wohnt in der Wohnung. 그 노인이 그 집에 산다.(남성 1격 어미)
b. Ich fahre mit dem kleinen Auto. 나는 작은 자동차를 타고 간다.(중성 3격 어미)

a 문장에서 der Mann이 남성명사이며 1격으로 사용되었으므로 형용사 alt에는 어미 -e가 추가된다. b 문장에서는 Auto가 중성이고 mit이 3격 전치사이므로 형용사 klein에 중성 3격 어미 -en을 붙인다.

혼합변화

기본 공식	부정관사 + 형용사 + 명사

형용사 앞에 부정관사나 부정관사류가 올 경우에는 1격(남성, 여성, 중성)과 4격(여성, 중성)은 강변화, 나머지 2격과 3격은 약변화 어미를 택한다. 강변화와 약변화를 혼합시켰다고 해서 혼합변화라 한다.

	남성(m.)	여성(f.)	중성(n.)	복수(pl.)
1격	-er	-e	-es	-en
2격	-en	-en	-en	-en
3격	-en	-en	-en	-en
4격	-en	-e	-es	-en

혼합변화를 이용한 형용사 변화 문장의 예는 다음과 같다.

a. Ein alter Mann ist in dem Zimmer. 한 노인이 방 안에 있다.(혼합변화 남성 1격)
b. Ich kenne ein kleines Kind. 나는 한 어린아이를 알고 있다.(혼합변화 중성 4격)

a 문장에서는 ein이 부정관사이고 Mann이 남성명사 1격이므로 형용사 alt에 남성 1격 어미인 -er를 붙인다. b 문장에서는 ein이 부정관사, Kind가 중성명사 4격이므로 형용사 klein에 중성 4격 어미인 -es를 붙인다.

3. 분사적 형용사

동사의 현재분사나 과거분사로 만든 형용사를 분사적 형용사라 칭하며 일반 형용사와 같은 어미변화를 한다.

Das **lernende** Kind sitzt auf dem Stuhl. 공부하고 있는 아이가 의자에 앉아 있다.
 (현재분사 lernend를 이용한 형용사)
Das **gekochte** Gemüse ist gut für die Gesundheit. 익힌 채소가 건강에 좋다.
 (과거분사 gekocht를 이용한 형용사)

4. 형용사의 명사화

형용사의 어미가 변화된 상태에서 그대로 명사가 되는 경우를 형용사의 명사화라고 한다. 즉, 형용사가 명사의 역할을 담당하는 것이다. 이때 형용사는 명사화가 되었기 때문에 첫 알파벳을 대문자로 쓴다.

a. **Der Alte** geht spazieren. 그 노인은 산책을 한다.
b. **Die Kranke** schläft jetzt im Bett. 그 환자는 지금 침대에서 자고 있다.

a 문장에서 der Alte는 der alte(Mann)에서 명사 Mann이 생략된 형태다.(der alte만으로도 대문자로 써서 명사 der Alte가 된 것) b 문장에서 die kranke 역시 die kranke Frau에서 Frau가 생략되면 die kranke 만으로도 명사 die Kranke를 만들 수 있다.

분사적 형용사의 명사화

현재분사나 과거분사도 형용사 변화를 할 수 있으며 이것이 그대로 명사화되어 쓰일 수 있다.

Die **studierenden** Leute möchten eine Pause machen. 그 대학 공부하고 있는 사람들은 휴식을 원한다.
 (현재분사를 이용한 분사적 형용사)
Die **Studierenden** möchten eine Pause machen. 그 대학생들은 휴식하길 원한다.
 (형용사의 명사화)
Gestern war ein **verletzter** Mann beim Arzt. 어제 한 부상당한 남자가 의사에게 있었다.
 (과거분사를 이용한 분사적 형용사)
Gestern war ein **Verletzter** beim Arzt. 어제 그 부상자가 의사에게 있었다.
 (형용사의 명사화)

다음과 같은 명사들은 분사적 형용사가 명사화된 것이다.

betrunken(술 취한)	der Betrunkene(술 취한 사람)
angestellt(고용된)	der Angestellte(회사원)
erwachsen(성장한)	der Erwachsene(성인)
bekannt(알려진)	der Bekannte(지인)

형용사의 중성명사화

형용사에 중성어미 -es를 사용하여 명사를 만들 수도 있다. 이때 중성명사화된 형용사 앞에 보통 etwas나 nichts를 붙여 만든다.

schön(아름다운)	etwas Schön**es**(아름다운 것)
wichtig(중요한)	etwas Wichtig**es**(중요한 것)
neu(새로운)	nichts Neu**es**(새로운 것이 아닌 것)

🌸 독일 속담에 대해 알아볼까요?

· Der Apfel fällt nicht weit vom Stamm.
　부전자전

· Das gilt besonders für dich.
　사돈 남 말한다.

연습문제

A. 보기와 같이 형용사의 어미를 완성해 봅시다.

> 보기: Trinkst du gern kalt__es__ Bier?

1) Ich arbeite bei einer klein___ Firma.
2) Wir bitten um den baldig___ Termin.
3) Er kann ein gross___ Auto kaufen.
4) Essen Sie gern saur___ Äpfel?
5) Ich fahre mit dem rot___ Motorrad nach Hause.
6) Mein neu___ Lehrer gibt mir eine schwierig___ Hausaufgabe.
7) Wie findest du deine teur___ Wohnung?
8) Sie hat während des gesamt___ Unterrichts geschlafen.

B. 보기와 같이 다음 문장을 분사적 형용사를 사용한 구문으로 만들어 봅시다.

> 보기: Der Vogel singt. – Der __singende__ Vogel

1) Der Zug fährt ein. – Der _____ Zug
2) Die Tür ist geöffnet. – Die _____ Tür
3) Ein Kind lernt. – Ein _____ Kind
4) Der Computer wurde gestohlen. – Der _____ Computer
5) Die Fahrkarte wurde verkauft. – Die _____ Fahrkarte
6) Ein Gast raucht. – Ein _____ Gast
7) Die Stadt wurde zerstört. – Die _____ Stadt
8) Die Leute arbeiten. – Die _____ Leute

C. 보기와 같이 다음 형용사를 명사화시켜 표현해 봅시다.

> 보기
> Ein verletzter Mann war im Krankenhaus.
> → Ein Verletzter war im Krankenhaus.

1) Eine bekannte Frau besucht mich.

　→ _____ besucht mich.

2) Der betrunkene Chef wurde festgenommen.

　→ _____ wurde festgenommen.

3) Die studierenden Frauen sind sehr hübsch.

　→ _____ sind sehr hübsch.

4) Er kennt den alten Mann.

　→ Er kennt _____.

5) Ich habe ihr süsse Schokolade gegeben.

　→ Ich habe ihr _____ gegeben.

6) Es gibt keine neuen Nachrichten.

　→ Es gibt _____.

독일 유학, 이것만 알면 된다!

독일 대학 수업방식

독일 대학의 수업방식은 크게 강의식 Vorlesung 수업과 토론식 Seminar 수업으로 나뉜다.

1) 세미나(Seminar) : 가장 일반적인 수업방식이며 최대 20~25명으로 학생 수를 제한한다. 수업 일정에 맞게 과제를 발표하거나 보고서를 제출하고 그 외에 수업 참여도와 출석으로 평가한다. 과제를 이행한 학생들은 해당 과목 성적증명서(Seminarschein)를 취득한다. 토론식 수업이므로 능동적인 참여자들이 높은 평가를 받는다.

2) 강의 (Vorlesung) : 대형 강의실에서 많은 학생들을 상대로 하는 수업방식이다. 교수나 강사가 주체가 된 일방적 강의 방식이기 때문에 학생들은 대체로 필기나 메모로 수업에 참여한다. 이 수업에는 학생들에 의한 간단한 질문이 있을 수 있으며, 학생들에게 강의 자료가 제공되기도 한다. 필기시험(Klausur)을 통해 성적이 주어지기도 하지만 대체로는 참가증명서(Teilnahmeschein)가 교부된다.

이 밖에 전공에 따라 실제 대상물을 다루는 연습 · 실습(Übung), 선배 학생들과 교류의 기회가 제공되는 개별지도(Tutorium), 미술사, 고고학, 지리 분야에서 대학 외부에서 진행되는 현장학습(Exklusion), 국가고시 응시자나 박사과정생이 자신의 연구논문을 발표하고 토론 평가하는 콜로쿠비움(Kolloquium), 방학기간이나 학기 중에 해당 과목과 관련된 일을 회사에서 수행하는 프락티쿰(Praktikum) 등이 있다.

Chapter 14

형용사의 비교

형용사는 그 형태에 따라 크게 원급, 비교급, 최상급으로 나뉜다.

1. 원급, 비교급, 최상급의 형태

형용사의 비교급은 원급에 -er, 최상급은 원급에 -st를 붙여 만드는 것을 기본으로 한다. 이를 도표로 표현하면 다음과 같다.

원급	비교급	최상급
_____	_____er	*am _____sten *der _____ste

*최상급의 경우 실제 문장에서는 am—sten, 혹은 der—ste 형식으로 사용됨을 유의하자.

주요 형용사의 원급, 비교급, 최상급 형태는 다음과 같다.

형태	원급	비교급	최상급
1. 기본 형식	schnell(빠른)	schneller	am schnellsten / der schnellste
	klein(작은)	kleiner	am kleinsten / der kleinste
2. 음절이 하나인 경우는 비교급, 최상급에서 변모음한다.	jung(젊은)	jünger	am jüngsten / der jüngste
	arm(가난한)	ärmer	am ärmsten / der ärmste
	gross(큰)	größer	am größten / der größte
	lang(긴)	länger	am längsten / der längste

3. -er나 -el로 끝난 형용사의 경우 비교급에서 앞의 모음 e를 생략시킨다.	teuer(비싼)	teur**er**	**am** teuer**sten** / **der** teuer**ste**
	dunkel(어두운)	dunkl**er**	**am** dunkel**sten** / **der** dunkel**ste**
4. -sch, -s, -ß, -z, -d, -t로 끝난 형용사는 최상급에서 e를 추가시킨다.	frisch(신선한)	frisch**er**	**am** frische**sten** / **der** frische**ste**
	laut(소리가 큰)	laut**er**	**am** laute**sten** / **der** laute**ste**
5. 특수변화 형용사 몇몇 형용사는 비교급과 최상급이 불규칙적으로 변화한다.	gut(좋은)	**besser**	**am besten / der beste**
	viel(많은)	**mehr**	**am meisten / der meiste**
	gern(즐겨)	**lieber**	**am liebsten / der liebste**
	hoch(높은)	**höher**	**am höchsten / der höchste**
	nah(가까운)	**näher**	**am nächsten / der nächste**
	wenig(적은)	wenig**er** **minder**	*****am wenigsten / der wenigste** *****am mindesten / der mindeste**

*wenig의 비교급, 최상급 형태는 두 가지로 하나는 규칙, 다른 하나는 불규칙적으로 변화한다.

2. 비교의 쓰임

문장 내에서 비교의 표현을 하고자 할 때, 원급이나 비교급 형태의 형용사를 사용할 수 있으며, 이때 주로 'so+원급+wie'나 '비교급+als', 또는 'je+비교급, desto+비교급'이 이용된다.

1) 원급비교 : **so**+원급+**wie**~(~처럼 그만큼 ~한)
   예 Paul ist **so** alt **wie** Peter. 파울은 페터만큼 나이 들었다.(= 둘의 나이가 같다.)
   Berlin ist eine **so** wichtige Stadt **wie** Bonn. 베를린은 본 만큼 중요한 도시이다.

2) 비교급 이용 : 비교급+**als**(~보다 더~한)
   예 Paul ist **älter als** Karl. 파울은 칼보다 나이가 많다.
   Bonn ist **weniger** wichtig **als** Berlin. 본은 베를린보다 덜 중요하다.

3) 중복 비교 : **je**+비교급, **desto(umso)**+비교급(~할수록 점점 더 ~하다)
   여기서는 동사의 위치가 중요한데, 'je+비교급'이 포함된 문장은 부문장으로 보고 동사를 후치시킨다. 또 desto는 부사이기 때문에 주문장의 주어와 동사의 위치를 바꾸는 도치 형태가 사용된다.
   예 **Je länger** eine Reise ist, **desto teurer** ist sie. 여행이 길수록 비용이 많이 든다.
   Je mehr ich arbeite, **um so müder** bin ich abends. 일을 많이 할수록 저녁에 더 피곤하다.

3. 최상급의 용법

독일어의 최상급은 다음 예문과 같이 두 가지 형식으로 사용될 수 있다. 형용사가 명사 앞에서 명사를 꾸미는 경우 '부가적 용법'이라 하고, sein과 같은 연결사와 결합하여 술어의 역할을 할 때는 '술어적 용법'이라고 한다.

최상급의 두 가지 형태	
부가적인 용법의 형태	정관사 + 최상급 + 형용사 어미
술어적인 용법의 형태	am + 형용사 + -sten(어미)

예 Ich habe **den schönsten Dom** der Welt gesehen. 나는 세계에서 가장 아름다운 성당을 보았다.
　Mein ältester Sohn studiert in Deutschland. 내 큰 아들은 독일에서 공부한다.
　Marie singt **am schönsten** in der Klasse. 마리는 그 반에서 노래를 가장 잘한다.

위의 예문에서 보는 것처럼 형용사의 최상급은 부가적으로도 쓸 수도 있고 술어적으로 쓸 수 있다.

🌸 독일 속담에 대해 알아볼까요?

· Jung gewohnt, alt getan.
　세 살 버릇 여든까지 간다.

· Die Zeit vergeht wie im Fluge.
　세월이 유수 같아.

연습문제

A. 보기와 같이 형용사의 비교급과 최상급을 써 봅시다.

> 보기
> Der Spieler läuft schnell.
> – Der Spieler läuft schneller.
> – Der Spieler läuft am schnellsten.

1) Das Messer ist scharf.

   – Das Messer ist _____.

   – Das Messer ist _____.

2) Das Gebäude ist hoch.

   – Das Gebäude ist _____.

   – Das Gebäude ist _____.

3) Der Wein schmeckt gut.

   – Der Wein schmeckt _____.

   – Der Wein schmeckt _____.

4) Ich esse viel.

   – Ich esse _____.

   – Ich esse _____.

5) Das Auto ist teuer.

   – Das Auto ist _____.

   – Das Auto ist _____.

6) Sie trinkt gern Cola.

   – Sie trinkt _____ Kaffee.

   – Sie trinkt Wasser _____.

연습문제

B. 보기와 같이 다음 형용사의 비교 형태를 써 봅시다.

> 보기   (viel): München hat mehr Einwohner als Bonn.

1) (gross): Wassermelon ist _____ als Apfel.

2) (gut): Peter spricht Deutsch so _____ wie Sabine.

3) (lang): Heute arbeite ich _____ als gestern.

4) (warm): In Afrika ist es _____ als in Europa.

5) (viel): Je _____ ich arbeite, desto _____ Geld verdiene ich.

6) (sicher): Kopenhagen ist die _____ Großstadt in Europa.

7) (gern): Er trinkt gern Tee. Er trinkt _____ Kaffee.

   Er trinkt aber Cola _____.

8) (hoch): Die Zugspitze ist hoch. Der Mont Blanc ist _____ als die Zugspitze.

   Der Mount Everest ist _____.

독일 유학, 이것만 알면 된다!

장학금 받을 수 있을까?

독일은 학비가 없기 때문에 기본적으로 생활비만 있으면 독일의 대학생활이 가능하다. 하지만 학생 입장에서는 생활비 역시 만만치 않으므로 장학금 기회가 있다면 큰 도움을 받을 수 있다. 물론 독일 내에서 제공하는 장학금은 거의 독일인들 대상이며 외국인들에게는 장학금 기회가 많지 않다. 독일 학생들에게 제공되는 학자금 대출(BAföG)도 받을 수 없다. 그러나 꼼꼼히 잘 찾아보면 국내외에서 제공되는 장학금에 관한 정보를 접할 수 있는 것도 사실이다. 가장 잘 알려진 장학금은 독일 대학들의 연합 기관인 주한독일고등교육진흥원(DAAD)에서 제공하는 장학 프로그램이다.

DAAD 장학 프로그램의 목적은 독일 내 국립대학 또는 이에 준하는 대학 및 연구기관에서 이루어지는 학업과 연구, 학술활동을 지원하는 것으로서 지원 대상은 외국의 대학·대학원 재학생 및 졸업생, 박사학위 소지자이다.(www.daad.or.kr 참조) 타 기관의 장학금에 대한 상세한 최신 정보는 www.funding-guide.de에서 얻을 수 있다.

장학금 지원서는 온라인에서 직접 할 수 있으며 모든 서류는 영문 혹은 독문으로 작성되어야 한다. 교수 추천서, 지도 승낙서, 지원동기, 연구계획서, 이력서, 학업시간 계획서, 학업 업적 등이 포함되어야 하며 자세한 세부사항은 DAAD 온라인 사이트에서 확인할 수 있다.

그 밖에 하인리히 빌 장학금(http://www.boell.de/en/foundation/application), 도이칠란트 장학금(http://www.deutschlandstipendium.de/de/2319.php), 커트 한센 과학 장학금(http://www.bayer-foundations.com/en/kurt-hansen-scholarships.aspx), 아헨공대 장학금(http://www.rwth-aachen.de/go/id/dyiv/lidx/1), 외국인 연구원들을 위한 FRIAS 공동출자 펠로우십 프로그램(http://www.frias.uni-freiburg.de/en/routes-to-frias/cofund) 등을 참고할 만하다.

Chapter 15
미래형

독일어의 미래형은 원형 동사를 미래조동사와 함께 사용함으로써 완성된다. 이때 미래조동사는 werden을 사용하며 원형 동사는 문장 제일 뒤에 위치한다.

공식
주어 + **werden** + … + **동사의 원형**.

1. 미래형의 쓰임

미래형은 행위자의 의지를 강조하거나 미래에 기대되는 사건, 전망, 예상 혹은 추측을 표현하고자 할 때 주로 사용된다.

Herr Schmidt **wird** das Museum **besichtigen**. 슈미트 씨는 박물관을 구경할 것이다.(의지)
In der Zukunft **wird** die Bevölkerung **zunehmen**. 미래에는 인구가 늘어날 것이다.(전망)
Frau Müller **wird** wahrscheinlich zu Hause **sein**. 뮐러 부인은 아마도 집에 있을 것이다.(추측)

그러나 가까운 미래는 현재형으로 대치가 가능하다. 이때 주로 시간을 나타내는 부사와 함께 쓴다.

Ich **fahre** morgen nach Spanien. 나는 내일 스페인으로 갈 것이다.(현재형 사용)

2. 미래완료

공식
주어＋werden＋…＋과거분사＋sein/haben

미래완료는 미래와 현재완료가 결합된 시제로서 미래의 어느 시점에 행위가 완료되어 있음을 뜻한다. 원래의 완료문장(sein/haben+…+과거분사)에서 미래조동사 werden이 정동사 위치에 개입되면 그 자리에 있던 sein/haben이 원형상태로 제일 뒤로 후치하게 된다. 물론 미래조동사 werden은 주어의 인칭에 따라 인칭변화한다.

먼저 단순미래와 비교하여 미래완료가 어떻게 사용되는지 알아보자.

a. Ich **werde** dieses Buch **lesen**. 내가 이 책을 읽을 것이다.(단순미래)
b. Ich **werde** dieses Buch **gelesen haben**. 내가 이 책을 읽었을 것이다.(미래완료)

이때 미래완료는 과거의 행위를 현재에 회상하는 것이 아니라 미래의 어느 한 시점에서 행위가 완료됨을 현재 시점에서 예측하는 것이므로 미래의 시점을 나타낼 수 있는 부사나 전치사 구가 등장한다면 더 이해하기가 쉽다.

예 Nach zwei Tagen **werde** ich dieses Buch **gelesen haben**. 이틀 후에는 내가 이 책을 읽었을 것이다.
(아직은 안 읽은 상태지만 이틀 후면 책을 읽는 행위가 완료되었을 것이라고 현재 시점에서 예측하는 것)

또한 현재완료에서 sein과 결합하는 동사가 사용될 경우는 미래완료에서는 제일 뒤에 sein 동사가 원형으로 위치한다.

예 Der Patient **wird** in 5 Jahren **gestorben sein**. 그 환자는 5년 내에 죽을 것이다.
(아직은 살아 있지만 5년 내에 죽은 상태가 되어 있을 것이라고 현재 시점에서 예측하는 것)

미래와 미래완료 비교				
구분	미래		미래완료	
ich	werde		werde	
du	wirst		wirst	
er / sie / es	wird	lesen	wird	gelesen haben
wir	werden		werden	
ihr	werdet		werdet	
sie / Sie	werden		werden	

연습문제

A. 보기와 같이 미래와 미래완료를 표현한 문장에서 잘못된 부분을 고쳐 봅시다.

> 보기 Ich werde nach dem Unterricht nach Hause <u>gefahren</u>. – (fahren)

1) Ihr <u>wird</u> nach Spanien eine Reise machen. – (   )
2) Daniel wird einen neuen Job <u>gefundet</u> haben. – (   )
3) Paula wird im Unterricht eingeschlafen <u>haben</u>. – (   )
4) Wir werden im Ferienhaus <u>übernachten</u> haben. – (   )

B. 보기와 같이 현재 문장을 미래형으로 나타내 봅시다.

> 보기 Ich surfe im Internet. → Ich werde im Internet surfen.

1) Er übersetzt den Roman ins Koreanische.
   _____.

2) Sie schaltet den Computer aus.
   _____.

3) Wir übernachten im Hotel.
   _____.

4) Ihr tanzt in einer Tanzschule.
   _____.

5) Wann fängt der Sprachkurs an?
   _____?

6) Besuchst du das Museum?
   _____?

7) Er holt die Gäste vom Flughafen ab.
   _____.

연습문제

8) Ich fülle das Formular aus.

   _____.

C. 다음 미래 문장을 미래완료형으로 나타내 봅시다.

   1) Der Chef wird mit Kunden sprechen.

   _____.

   2) Die Praktikantin wird ein Zimmer reservieren.

   _____.

   3) Frau Meier wird zum Bahnhof fahren.

   _____.

   4) Mein Onkel wird im Krankenhaus sterben.

   _____.

   5) Karl wird sein Zimmer aufräumen.

   _____.

   6) Der Angestellte wird am Bahnhof umsteigen.

   _____.

   7) Meine Freundin wird um 7 Uhr aufstehen.

   _____.

   8) Mein Bruder wird mich anrufen.

   _____.

독일 유학, 이것만 알면 된다!

어학시험 TestDaF에 대하여

테스트 다프(TestDaF)란 외국어로서의 독일어 능력 시험(Test Deutsch als Fremdsprache)으로 이 시험에 합격할 경우 독일 내의 모든 대학에 입학 자격이 주어진다. 이 시험은 DSH와는 달리 한국에서도 응시가 가능하다. 시험 응시 전 최소 500시간 이상의 독일어 교습을 받은 수준을 갖추고 있어야 하며, 시험 결과는 3등급(TDN-5, TDN-4, TDN-3)으로 분류된다. 전 영역에서 TDN-4 이상을 취득하면 독일의 모든 대학, 모든 학과에 지원할 수 있는 자격이 부여된다. 일부 대학 예체능 학과에서는 TDN-3 이상 정도면 어학시험을 면제해 주는 경우도 있다.

TestDaF 시험은 이해하기(Leseverstehen), 듣고 이해하기(Hörverstehen), 글로 표현하기(Schriftlicher Ausdruck), 말로 표현하기(Mündlicher Ausdruck) 등 네 부분으로 구성되어 있으며 총 시험시간은 190분이다. 성적표의 유효기간은 없으며 합격권에 이르기까지 여러 차례 응시가 가능하므로 추후 제일 좋은 성적표를 제출하면 된다.

자세한 정보는 TestDaF 대표 웹사이트 www.testdaf.de에서 확인이 가능하며, 안내에 따라 온라인으로 직접 신청할 수도 있다. 모델 테스트와 진단 테스트, 그리고 TestDaF 준비에 대한 정보가 한글로도 제공되어 있으니 참고하면 된다. 이 시험은 여러 차례 응시가 가능하지만 응시료와 응시 시기를 감안하여 충분한 실력을 쌓은 후에 시험에 도전하는 것이 좋다.

Chapter 16

전치사

전치사는 항상 명사나 대명사 앞에서 쓰이는 문장의 구성요소이다. 독일어에서 전치사는 동사 다음으로 중요하다고 할 수 있으며, 특히 명사나 대명사의 격을 지배하는 것이 특징이다. 독일어의 전치사는 크게 3격 전치사, 4격 전치사, 3·4격 전치사, 2격 전치사로 나눌 수 있다.

1. 3격 전치사

3격 전치사, 혹은 3격 지배전치사는 항상 3격 명사를 지배한다. 명사는 성질에 따라 고유한 성을 가지고 있으므로 명사의 성에 따라 3격 관사나 소유대명사 3격 어미를 사용할 수 있다.

다음은 3격 전치사 mit(~과 함께, ~을 타고)을 사용한 용례이다.
예   Ich fahre **mit dem** Zug. 나는 기차를 타고 간다.(Zug이 남성명사이고 남성정관사 3격 dem을 사용)
Er geht **mit** seiner Mutter spazieren. 그는 자기의 어머니와 산책을 한다.
(Mutter가 여성명사이니 소유대명사 3격 어미는 -er)

3격 전치사의 종류

3격 전치사의 종류와 용법은 다음과 같다.

3격 전치사	의미	용례
aus	~에서	Ich komme **aus** Korea. 나는 한국에서 왔다.(출신) Der Tisch ist **aus** Holz. 그 책상은 나무로 만들었다.(재료, 방법) Er heiratete sie **aus** Liebe. 그는 사랑했기 때문에 그녀와 결혼했다.(이유)

zu	~로	Er geht **zum** Bahnhof. 그는 역으로 간다.(방향) Ich gehe **zu** Fuß. 나는 걸어서 간다.(방법) **Zum** Essen nehme ich Pizza. 먹을 것으로 나는 피자를 택한다.(목적)
gegenüber	~맞은편에	Die Kirche liegt dem Krankenhaus **gegenüber**[*]. 그 교회는 병원 맞은편에 있다.(장소)
von	~로부터	Ich komme gerade **vom** Onkel. 나는 방금 삼촌에게 있다가 오는 길이다.(방향) Das ist die Sache **vom** Koch. 이것은 그 요리사의 물건이다.(소유격)
seit	~전부터	Sie liest das Buch **seit** 3 Tagen. 그녀는 3일 전부터 그 책을 읽고 있다.(시간)
nach	~후에	Ich fahre **nach** Hause. 나는 집으로 간다.(방향) **Nach** dem Essen gehe ich spazieren. 나는 식사 후에 산책을 한다.(시간) **Nach** meiner Meinung ist es falsch. 내 의견에 의하면 그건 틀렸다.(방법)
mit	~와 함께	Er geht **mit** seiner Mutter ins Kino. 그는 자기 어머니와 극장에 간다.(방법) Sie fährt **mit** dem Zug nach München. 그녀는 기차를 타고 뮌헨에 간다.(방법)
bei	~곁에	Ich wohne **bei** meinen Eltern. 나는 부모님 집에서 살고 있다.(장소) **Beim** Essen trinkt er viel Wasser. 그는 식사할 때 물을 많이 마신다.(시간)

[*]gegenüber는 주로 명사 뒤에 위치하는 후치사이다.

3격 전치사와 정관사의 축약 형태	zu + dem = **zum**
	zu + der = **zur**
	von + dem = **vom**
	bei + dem = **beim**

2. 4격 전치사

3격 전치사가 3격 명사를 지배하는 것처럼, 4격 전치사는 4격 명사를 지배한다.

예 Ich gehe **durch den Park** spazieren. 나는 공원을 가로질러 산책을 한다.

위의 문장에서 durch는 4격 전치사, Park은 남성명사이므로 남성명사 4격 형태인 den Park이 사용되었다.

4격 전치사의 종류

4격 전치사의 종류와 용법은 다음과 같다.

4격 전치사	의미	용례
durch	~을 통해서	Er fährt **durch** die Stadt. 그는 도시를 가로질러 간다.(장소) Der Mann wurde **durch** die sofortige Operation gerettet. 그 남자는 빠른 수술로 구조되었다.(방법)
entlang	~을 따라서	Meine Mutter geht den Fluss **entlang**＊. 나의 어머니는 강(변)을 따라가신다.(장소)
für	~을 위해서	Ich arbeite **für** meine Familie. 나는 가족을 위해서 일을 한다.(목적) Er mietet ein Haus **für** zwei Jahre. 그는 2년 동안 집을 빌린다.(시간)
gegen	~에 맞서	Das Auto fuhr **gegen** einen Baum. 그 차는 나무를 향해 갔다.(장소) Ich fahre **gegen** 6 Uhr ab. 나는 6시경에 출발한다.(시간)
bis	~까지	Der Zug fährt nur **bis** Köln. 그 기차는 쾰른까지만 운행한다.(장소) Der Gast bleibt **bis** Samstag. 그 손님은 토요일까지 머문다.(시간)
ohne	~없이	**Ohne** meine Freundin kann ich nicht leben. 내 여자친구 없이 나는 살 수가 없다.(방법)
um	~주변에 ~을 돌아서	Gehen Sie **um** die Ecke! 모퉁이를 돌아가세요!(장소) Der Unterricht beginnt **um** 9 Uhr. 그 수업은 9시에 시작한다.(시간)

＊entlang은 주로 명사 뒤에 위치하는 후치사이다.

4격 전치사와 정관사의 축약 형태	durch + das = **durchs**
	für + das = **fürs**
	um + das = **ums**

3. 3·4격 전치사

　3·4격 전치사는 상황에 따라 3격 명사를 지배할 수도 있고 4격 명사를 지배할 수도 있는 전치사를 일컫는다. 주어가 전치사의 지배를 받는 명사에 존재할 경우에는 3격을 사용하고, 주어가 전치사의 지배를 받는 명사 쪽으로 이동을 할 경우에는 4격을 쓴다. 이를 정리하면 다음과 같다.

구분	Wo…? (3격)	Wohin…? (4격)
특징	공간이나 물체에 존재 변화되는 내용이 없음 상태가 강조됨	공간이나 물체 쪽으로 이동 변화되는 과정을 나타냄 방향성과 움직임이 강조됨

　즉, Wo…?로 묻고 답하는 상황이라면 3격을 사용하고, Wohin…?으로 묻고 대답하는 상황이라면 4격을 취하는 것이 기본이다. 예를 들어 in이라는 3·4격 전치사를 사용한 문장을 보자.

Chapter 16. 전치사　119

A : Wo bist du? 너는 어디에 있니?
B : Ich bin **in der Schule**. 나는 학교에 있다.(상태를 나타내어 여성 3격 명사 der Schule가 사용됨)

A : Wohin gehst du? 너는 어디로 가니?
B : Ich gehe **in die Schule**. 나는 학교로 간다.(장소의 이동을 나타내어 여성 4격 명사 die Schule가 사용됨)

이렇듯 똑같은 전치사 in이라도 상황에 따라 격의 쓰임이 다르다. 보통은 동사의 성질에 따라 전치사가 지배하는 3격 명사와 4격 명사의 사용이 구별된다.

3·4격 전치사의 종류(장소)

장소를 나타내는 3·4격 전치사의 종류와 그 쓰임은 다음과 같다.

3·4격 전치사	의미		용례
hinter	~뒤에 / ~뒤로	3격	Die Garage ist **hinter** dem Haus. 그 차고는 집 뒤에 있다.
		4격	Er geht **hinter** das Haus. 그는 집 뒤로 간다.
in	~안에 / ~안으로	3격	Ich bin **in** der Kirche. 나는 교회에 있다.
		4격	Ich gehe **in** die Kirche. 나는 교회로 간다.
an	~곁에 / ~곁으로	3격	Das Bild hängt **an** der Wand. 그림이 벽에 걸려 있다.
		4격	Ich hänge das Bild **an** die Wand. 나는 그림을 벽에 건다.
auf	~위에 / ~위로	3격	Die Vase liegt **auf** dem Tisch. 꽃병이 책상 위에 있다.
		4격	Ich lege die Vase **auf** den Tisch. 나는 꽃병을 책상 위에 놓는다.
neben	~옆에 / ~옆으로	3격	Das Auto steht **neben** dem Haus. 자동차가 집 옆에 서 있다.
		4격	Ich stelle das Auto **neben** das Haus. 나는 자동차를 집 옆에 세운다.

über	~위에 / ~위로	3격	Die Lampe hängt **über** dem Tisch. 램프가 책상 위에 걸려 있다.
		4격	Ich hänge die Lampe **über** den Tisch. 나는 램프를 책상 위로 건다.
vor	~앞에 / ~앞으로	3격	Der Bus steht **vor** dem Kino. 버스가 영화관 앞에 있다.
		4격	Ich fahre mit dem Bus **vor** das Kino. 나는 버스를 타고 영화관 앞으로 간다.
unter	~밑에 / ~밑으로	3격	Die Katze steht **unter** dem Stuhl. 고양이가 의자 밑에 있다.
		4격	Die Katze geht **unter** den Stuhl. 고양이가 의자 밑으로 간다.
zwischen	~사이에 / ~사이로	3격	Das Heft ist **zwischen** den Büchern. 공책이 책들 사이에 있다.
		4격	Ich stecke das Heft **zwischen** die Bücher. 나는 공책을 책들 사이로 꽂아둔다.

3·4격 전치사의 종류(시간)

3·4격 전치사의 일부는 장소뿐만 아니라 시간을 나타내는 방법으로도 사용된다. 이 경우 3·4격 전치사는 3격을 사용한다. 시간을 나타내는 3·4격 전치사의 종류와 그 쓰임은 다음과 같다.

3·4격 전치사	의미	용례
an	~에	**Am** Nachmittag gehe ich spazieren. 오후에 나는 산책을 한다.(하루의 때) Er kommt **am** Mittwoch. 그는 수요일에 온다.(요일)
in	~에	Ich mache eine Reise **im** Sommer. 나는 여름에 여행을 한다.(계절) **Im** Jahr 1999 bin ich geboren. 나는 1999년에 태어났다.(연도)
vor	~전에	**Vor** dem Essen treibe ich Sport. 나는 식사 전에 운동을 한다.(때) Er muss **vor** 8 Uhr im Büro sein. 그는 8시 이전에 사무실에 도착해야 한다.(시점)
zwischen	~사이에	**Zwischen** dem 15. und dem 25. April reise ich ab. 나는 4월 15일과 25일 사이에 여행을 떠난다.(시점)

3·4격 전치사와 정관사의 축약 형태	an + dem = **am**
	an + das = **ans**
	in + dem = **im**
	in + das = **ins**
	auf + das = **aufs**
	vor + dem = **vorm**

4. 2격 전치사

2격 명사를 지배하는 2격 전치사는 구어체보다는 주로 문어체에서 사용되며 용법은 다음과 같다.

2격 전치사	의미	용례
wegen	~때문에	**Wegen** des Regens gehe ich nicht zur Party. 비 때문에 나는 파티하러 가지 않는다.(이유)
während	~동안에	**Während** der Ferien lerne ich Deutsch. 방학 동안에 나는 독일어를 배운다.(시간)
trotz	~에도 불구하고	**Trotz** seiner Krankheit geht er ins Büro. 그는 아픈데도 불구하고 사무실에 간다.(양보)
(an)statt	~대신에	**Statt** der Blume verschenke ich ihr ein Buch. 나는 그녀에게 꽃 대신에 책을 선물한다.(방법)

연습문제

A. 다음 알맞은 전치사, 혹은 관사와의 결합형을 보기에서 골라 써넣어 봅시다.

> 보기: nach, zu, aus, von, bei, zum, zur, vom, beim,
> bei der, aus dem, nach dem, von der, aus der

1) Wohin fahren Sie? Ich fahre _____ Bahnhof.
2) Wohin fahrt ihr? Wir fahren _____ Post.
3) Wohin geht er? Er geht _____ Hause.
4) Woher kommst du? Ich komme _____ England.
5) Woher kommen Sie? Ich komme _____ Zahnarzt.
6) Wo waren Sie? Ich war _____ Friseur.
7) Wo warst du? Ich war _____ Polizei.
8) Wohin gehst du? Ich gehe _____ Peter und Petra.
9) Wohin fahrt ihr? Wir fahren _____ rechts.

B. 보기에서 알맞은 전치사를 골라 써넣어 봅시다.

> 보기: durch, entlang, für, gegen, bis, ohne, um

1) Mein Vater arbeitet _____ meine Familie.
2) Wir sind _____ die ganze Stadt gelaufen.
3) _____ Handys kann ich nicht leben.
4) Sie geht die Strasse _____ zu Fuß.
5) Er ist _____ ein Verkehrsschild gefahren.
6) Die Besprechung beginnt pünktlich _____ 10 Uhr.
7) Sie hat _____ nächste Woche Urlaub.

연습문제

C. 빈칸에 들어갈 알맞은 전치사나 관사, 혹은 전치사와 관사의 결합형을 보기와 같이 써넣어 봅시다.

> 보기   Die Katze geht unter den Tisch. Die Katze liegt unter dem Tisch.

1) Der Lieferwagen steht vor _____ Tür.

2) Er stellt die Vase _____ den Tisch.

3) Wir fahren in _____ Firma.

4) Die Mutter setzt ihr Kind auf _____ Bett.

5) Die Schere ist hinter _____ Sofa gefallen.

6) Ich komme _____ Freitag wieder.

7) _____ Herbst beginnt der Semester.

8) Der Schrank steht neben _____ Bett.

D. 빈칸에 들어갈 전치사나 관사를 보기에서 골라 써넣어 봅시다.

> 보기   wegen, während, trotz, anstatt, des, der

1) Wegen _____ starken Regens fand die Veranstaltung nicht statt.

2) Trotz _____ Krankheit arbeitet er sehr viel.

3) _____ der Sportnachrichten sendet das Fernsehen sehr viel Werbungen.

4) _____ seiner Verletzung nimmt er am Spiel teil.

5) _____ des kalten Wetters will niemand draußen Sport treiben.

6) _____ der Pause will er nicht rauchen.

7) Während _____ Unterrichts war er heute total müde.

연습문제

E. 보기와 같이 잘못 쓰인 부분을 바르게 고쳐 봅시다.

> 보기   Ich schreibe das Wort <u>auf</u> die Tafel.   →   <u>an</u> die Tafel

1) Warum arbeitest du <u>trotz</u> deiner Kollegin?
   _____

2) Ich brauche ein Mittel <u>für</u> meinen Husten.
   _____

3) Das Bild hängt <u>auf</u> der Wand.
   _____

4) Wegen <u>dem kalten Wetter</u> ging sie nicht fort.
   _____

5) Am Abend gehe ich gerne <u>nach dem</u> Park.
   _____

6) Die Familie wandert durch <u>das</u> Wald.
   _____

독일 유학, 이것만 알면 된다!

어학시험 DSH에 대하여

DSH는 독일 대학 입학을 위한 어학시험(Deutsche Sprachprüfung für den Hochschulzugang)의 약자로 독일 대학에서 자체적으로 평가하는 어학시험이다. 독일 모든 대학에 공통 적용되는 규정에 따라 각 대학이 독립적으로 출제한다. 일반적으로 한 대학에서 DSH에 합격한 경우, 다른 대학에서도 자격이 인정된다. 독일 대학에 입학하기 위해서는 모든 어학시험에 다 합격해야 하는 것이 아니라 TestDaF나 DSH 등 일정 수준의 어학시험 중 하나만 합격하면 된다. 따라서 지원하는 대학이 어떤 시험을 요구하는지, 다른 어학시험으로 대체되는지 홈페이지나 이메일을 통해 확인 한 후 지원하는 것이 좋다.

DSH는 필기시험과 구술시험 두 부분으로 나누어져 있으며, 필기시험 후 구술시험이 이어진다. 일반적으로 독독사전의 사용이 허용되는 필기시험은 듣고 이해하기, 읽고 이해하기, 제시된 과제에 따른 작문, 학술 언어 구조의 이해 등 네 가지 영역으로 이루어져 있다. 20분 정도 소요되는 구술시험은 일반적으로 과제물(짧은 텍스트나 그림)이 제시되고 그것을 이해하고, 참고하여 견해를 서술하는 능력을 테스트한다.

DSH 시험의 결과는 세 개의 레벨로 나누어진다. 레벨DSH2(67%~81%)와 DSH3(82%~100%)은 대학의 어학 증명으로 제출할 수 있고, 레벨1(57%~66%)과 그 이하의 점수는 어학증명으로서 인정되지 않는다. 일반적으로 DSH는 학기 시작 3~4주 전에 각 대학에서 시행된다. 많은 대학에서 DSH 시험을 무료로 시행하지만, 30~80유로 정도의 유료로 시행하는 대학도 있다. 독일 내에서만 시행하므로 한국에서는 응시가 불가능하다.

Chapter 17

재귀동사

재귀동사란 재귀대명사와 함께 쓰이는 동사를 일컫는다. 재귀대명사는 문장 내에서의 행위가 주어와 관계하고 있다는 사실을 보여주는 역할을 하기 때문에 인칭대명사와 일정 부분 구분된다. 먼저 재귀대명사의 형태를 살펴보자.

1. 재귀대명사의 형태

		1인칭	2인칭	3인칭			존칭
				남성	여성	중성	
단수	1격	ich	du	er	sie	es	Sie
	3격	mir	dir	sich	sich	sich	sich
	4격	mich	dich	sich	sich	sich	sich
복수	1격	wir	ihr	sie			Sie
	3격	uns	euch	sich			sich
	4격	uns	euch	sich			sich

위의 표에서 보듯 재귀대명사는 3인칭에서 일정 부분 인칭대명사와 차이가 있다는 것을 알 수 있다. 재귀대명사의 특징은 다음과 같이 요약될 수 있다.

재귀대명사의 특징	1. 1인칭과 2인칭은 재귀대명사와 인칭대명사가 동일한 형태를 갖는다. 2. 3인칭과 존칭은 3격과 4격 재귀대명사가 모두 **sich**다. 3. 재귀대명사는 2격 형태가 없다.

그럼 재귀대명사를 동반한 재귀동사가 왜 필요한 것인지 알 필요가 있다.

예 Er setzt **ihn** auf den Stuhl. 그는 그를 의자에 앉힌다.

위 문장에서 er와 ihn은 동일인물이 아니다. 즉, 인칭대명사 남성 4격의 ihn은 주어인 er와는 다른 제 3자다. 이 문장에서 인칭대명사 ihn 대신 주어와 동일인물을 가리키는 재귀대명사 sich를 사용함으로써 주어와 목적어를 동일한 사람으로 나타내 줄 수 있다.

예 Er setzt **sich** auf den Stuhl. 그는 자기 자신을 의자에 앉힌다.
(= 그는 스스로 의자에 앉는다.)

setzen은 4격 목적어를 필요로 하는 타동사이며, 만일 3인칭이 주어일 때 인칭대명사 4격 목적어를 사용한다면 주어와 다른 인물이 되므로 주어 자신을 나타내기 위해서는 재귀대명사를 사용해야 하는 것이다. 만일 일반명사가 4격 목적어로 쓰인다면 재귀대명사는 보통 3격으로 사용된다.

예 Ich kaufe **mir** einen Tisch. 나는 책상을 구입한다.(책상을 사용할 사람이 나 자신일 경우)

다음의 경우는 재귀대명사 3격이 의무적으로 쓰이는 경우와 선택적으로 쓰이는 경우이다.

예 Ich stelle **mir** ein großes Haus vor. 나는 큰 집을 상상한다.(3격 재귀대명사는 의무적)
Ich wasche **mir** die Hände. 나는 손을 씻는다.(4격 명사가 있는 경우는 3격 재귀대명사)
Ich wasche **mich**. 나는 씻는다.(4격 명사가 없는 경우는 4격 재귀대명사)

2. 재귀동사의 종류

자주 쓰이는 재귀동사들을 익혀두자.

재귀동사	뜻	재귀동사	뜻
sich ändern	바뀌다	sich erkälten	감기에 걸리다
sich anstrengen	노력하다	sich erwerben	얻다, 벌다
sich anziehen	(옷을) 입다	sich irren	착각하다
sich aufregen	흥분하다	sich schämen	부끄러워하다
sich beeilen	서두르다	sich setzen	앉다
sich befinden	존재하다	sich treffen	만나다
sich benehmen	행동하다	sich verhalten	행동하다, 태도를 취하다
sich entfernen	멀어지다	sich verspäten	지각하다
sich entschliessen	결심하다	sich vorstellen	상상하다

재귀동사는 또한 전치사를 동반하여 사용하는 경우가 많다. 전치사를 동반한 주요 재귀동사를 익혀두자.

재귀동사	뜻	재귀동사	뜻
sich bedanken bei + D sich bedanken für + A	~에게(~에 대해) 감사하다	sich kämpfen für + A sich kämpfen gegen + A	~을 위해 싸우다 ~에 대항하여 싸우다
sich bemühen um + A	~에 대해 애쓰다	sich konzentrieren auf + A	~에 집중하다
sich beschaftigen mit + D	~에 몰두하다	sich kümmern um + A	~을 보살피다
sich bewerben um + A	~을 얻으려고 하다	sich sehnen nach + D	~을 그리워하다
sich entschuldigen für + A	~에 대해 죄송해하다	sich sorgen um + A	~을 걱정하다
sich freuen auf + A sich freuen über + A	~을 고대하다 ~에 대해 기뻐하다	sich teilnehmen an + D	~에 참가하다
sich erinnern an + A	~을 기억하다	sich träumen von + D	~을 꿈꾸다
sich gewöhnen an + A	~에 익숙해지다	sich verlieben in + A	~와 사랑에 빠지다
sich fürchten vor + D	~를 두려워하다	sich vorbereiten auf + A	~을 준비하다
sich interessieren für + A	~에 관심을 갖다	sich wundern über + A	~에 대해 놀라다

*A는 Akkusativ의 약자로 4격 목적어를, D는 Dativ의 약자로 3격 목적어를 뜻한다.

3. 재귀대명사의 어순

재귀대명사는 평서문에서는 일반적으로 동사의 뒤에 위치한다.
예 Ich **interessiere** *mich* nicht für Musik. 나는 음악에 관심이 없다.

하지만 도치문, 혹은 후치문이 되면 동사 뒤에 위치하는 것은 공통이지만 주어가 일반명사일 때는 명사 앞에, 주어가 대명사일 때는 대명사 뒤에 위치한다.
예 Seit kurzem **interessiert** *sich* Peter auch für Musik. 얼마 전부터 페터는 음악에도 관심을 갖는다.
Seit kurzem **interessiert** er *sich* auch für Musik. 얼마 전부터 그는 음악에도 관심을 갖는다.
Ich weiß nicht, ob *sich* Peter auch für Musik **interessiert**. 나는 페터가 음악에 관심이 있는지 모른다.

연습문제

A. 보기와 같이 빈칸에 알맞은 재귀대명사를 써넣어 봅시다.

> **보기**   Ich wasche mir die Hände.

1) Er hat _____ schwer erkältet.
2) Wir freuen _____ über das Treffen.
3) Hast du _____ die Zähne geputzt?
4) Kannst du _____ das vorstellen?
5) Ich wundere _____ sehr über deine Fähigkeit.
6) Ich dusche _____ jeden Tag.
7) Setzen Sie _____ auf den Stuhl!
8) Robert bedankt _____ bei seinem Chef.
9) Habt ihr _____ schon mal getroffen?
10) Interessierst du _____ für Kunst?

B. 다음 밑줄 친 부분을 보기A, 보기B에서 골라 써 봅시다.

> **보기A**   mir, mich, dir, dich, sich, uns, euch

> **보기B**   an, in, auf, mit, über, für, gegen, um, vor, bei, nach

1) Erinnern Sie _____ _____ Ihre alte Freundin?
2) Er sehnt _____ _____ dem Heimat.
3) Wir freuen _____ _____ die kommenden Ferien.
4) Willst du _____ _____ deinem Studium beschäftigen?
5) Ich interessiere _____ _____ die Politik.
6) Hast du _____ _____ deinem Freund bedankt?

연습문제

7) Habt ihr _____ schon _____ das Problem gestritten?

8) Er sorgt _____ _____ seine Zukunft.

9) Ich fürchte _____ _____ der Dunkelheit.

10) Wollen Sie _____ _____ die Terroristen kämpfen?

C. 보기와 같이 잘못 쓰인 부분을 바르게 고쳐 써 봅시다.

보기   Ich wasche mich die Hände. → (mir)

1) Streitest du dir wieder mit deinem Freund? → (   )

2) Wir erinnern uns schon in unseren Lehrer. → (   )

3) Freust du dich über den nächsten Urlaub? → (   )

4) Ich stelle mich eine traumhafte Reise vor. → (   )

5) Seit einer Woche bereitet sich er auf die Prüfung gut vor. → (   )

독일 유학, 이것만 알면 된다!

출국 전 준비해야 할 물품은?

독일 유학 시 처음 들고 가야 할 것과 가지고 갈 필요가 없는 것들이 있다. 독일에 도착하면 숙소 주변에 쇼핑센터나 마트, 그리고 중대도시의 경우에는 한인상회나 아시안 상점이 있으므로, 쌀이나 라면, 김치 등은 가져갈 필요가 없다. 식기류도 역시 현지에서 조달이 가능하다. 단, 밥솥은 독일에서도 팔긴 하지만 비싸거나 원하는 모델이 없을 수 있으므로 한국에서 가져오는 것이 좋다고 할 수 있다.

책과 같은 서적류는 일단 현지에서 숙소가 정해진 이후 선박이나 항공편으로 한국에서 부치면 되므로 굳이 무겁게 가져갈 필요가 없다. 단, 당장 가서 쓸 독한사전, 한독사전, 간단한 문법책 등은 가져가는 것이 좋다. 또한 노트북 역시 한국에서 가져가는 것이 좋다. 독일에서 판매하는 노트북은 독일어 자판이 기본이므로 자판에 익숙하지 않은 상태에서 독일어 윈도우 운영체제를 접하려면 어려움이 따른다. 한국에서 사용한 스마트폰은 독일에서도 사용할 수 있으나, 통신 계약은 비자를 획득한 이후 사용할 수 있으므로 입국 후 비자 받기 전까지는 충전식으로 사용하는 것이 보통이다.

독일 생활에서 필요한 서류들도 구비해야 하는데, 먼저 고등학교 또는 대학교 성적·졸업 증명서 원본 각각 3~4매 정도, 수능 성적 증명서, 그리고 결혼한 경우에는 결혼 관계 증명서 등을 영문으로 발급받아 준비한다. 국문 증명서는 따로 현지 영사과 등에서 공증을 받아야 하므로 절차가 복잡하다. 또한 여권사진 20매 정도를 구비하는 게 좋다. 이 밖에 간단한 필기구, 상비약 등도 준비하도록 한다.

Chapter 18

명령형

명령형은 상대방에 대해 제안, 요청, 요구, 지시, 경고를 할 때 사용되는 동사의 용법이다. 명령형은 2인칭 상대에 대해 사용되는 것이므로 크게 단수 2인칭 du에 대한 명령형, 복수 2인칭 ihr에 대한 명령형, 존칭 Sie에 대한 명령형으로 나뉜다.

1. 명령형의 기본 구조

du	ihr	Sie
_____(e)!	_____(e)t!	_____en Sie!

명령형은 기본적으로 다음과 같은 특징이 있다.

특징	1. 2인칭 단수, 복수의 명령형은 주어를 표시하지 않는다. 2. du에 대한 명령형은 인칭변화형 -st를 뺀 상태 그대로, 혹은 -e를 덧붙인다. 3. ihr에 대한 명령형은 복수 2인칭 변화형을 그대로 사용한다. 4. 존칭 명령형은 존칭 동사 형태에 주어인 Sie를 반드시 붙여준다.

2. 명령형의 형태

구분	du	ihr	Sie
규칙동사	Sag(e)!	Sagt!	Sagen Sie!
어간의 끝 -d, -t, -n, -m	Warte!	Wartet!	Warten Sie!

불규칙 동사	Sieh! Iss! Fahr!	Seht! Esst! Fahrt!	Sehen Sie! Essen Sie! Fahren Sie!
분리동사	Komm mit!	Kommt mit!	Kommen Sie mit!
특수 형태	**Sei** ruhig! **Hab** keine Angst!	**Seid** ruhig! **Habt** keine Angst!	**Seien Sie** ruhig! **Haben Sie** keine Angst!

위의 명령형 형태에서 주의할 점은 다음과 같다.

주의할 점	1. 불규칙동사의 단수 2인칭 명령형은 du의 현재인칭변화형에서 -st를 뺀 형태 그대로 사용하지만, 어간의 모음이 a → ä, o → ö로 변모음한 경우에는 움라우트(Umlaut)를 빼준다. (du fährst → Fahr!) 2. 분리동사는 분리전철만 뒤로 보내고 정동사만 명령형으로 바꿔준다. 3. sein, haben 동사의 명령형은 특수 형태를 띤다.

이 밖에 복수 1인칭에 대한 명령형(청유형)으로 다음과 같은 것들이 있다.

1) 도치 형태
   예 **Gehen wir** ins Museum! 박물관으로 가자!

2) Lass uns+…+동사의 원형
   예 **Lass uns** nach Haus gehen! 집으로 가자!

3) 화법조동사 wollen+…+동사의 원형
   예 **Wollen wir** mal etwas essen! 뭐 좀 먹자!

연습문제

A. 보기와 같이 주어진 구문을 이용하여 명령형을 완성해 봅시다.

> **보기**
>
> **mich anrufen**
>
> du : Ruf mich an!   ihr : Ruft mich an!   Sie : Rufen Sie mich an!

1) mir sofort helfen

   du : _____!

   ihr : _____!

   Sie : _____!

2) das Buch bis morgen lesen

   du : _____!

   ihr : _____!

   Sie : _____!

3) langsamer fahren

   du : _____!

   ihr : _____!

   Sie : _____!

4) den Koffer nicht vergessen

   du : _____!

   ihr : _____!

   Sie : _____!

5) vorsichtig sein

   du : _____!

   ihr : _____!

   Sie : _____!

연습문제

6) den Regenschirm mitbringen

du : _____!

ihr : _____!

Sie : _____!

B. 보기와 같이 명령형을 사용한 문장에서 틀린 것을 바르게 고쳐 써 봅시다.

> 보기   Denkst an deine Kinder!   →   Denk an deine Kinder!

1) Hält dein Auto!   → _____!
2) Sind Sie noch geduldig!   → _____!
3) Lassen wir sofort fahren! → _____!
4) Wartet ihr auf den Bus!   → _____!
5) Studierst du fleissig!   → _____!
6) Wollen mal Bier trinken!   → _____!

독일 유학, 이것만 알면 된다!

한국 운전면허증을 독일 운전면허증으로 교환

독일에서 한국인들이 운전하기 위해서는 국제운전면허증을 소지하고 있거나 독일 운전면허증으로 바꿔 사용해야 한다. 국제운전면허증은 유효기간이 1년이므로 장기 체류를 할 경우에는 독일 입국 후 각 도시의 Rathaus(시청)에서 한국 운전면허증을 독일 운전면허증으로 교환 신청해야 한다. 물론 한국 운전면허증이 없는 경우 독일에서 새로 운전교습을 받아 현지에서 딸 수도 있으나 기간이 많이 소요되며 비용도 2,000유로 이상 들기 때문에, 한국에서 면허증을 따고 독일에서 교환 신청하는 것이 유리하다.

운전면허 교환 시 구비서류로는 먼저 한국 운전면허증 원본과 사본 1매, 독일어 번역공증본(대사관 영사부에서 발급), 여권사진 1매, 여권 및 거주 신고서, 수수료 약 35~50유로가 포함된다. 대사관 영사부에 직접 독일어 번역공증본을 신청할 때에는 운전면허증과 운전면허증 독일어 번역본(주독 대한민국대사관 사이트에서 첨부파일 다운로드해 사용), 여권, 수수료 3.60유로가 필요하다. 독일에서 운전면허 교환 신청 후 발급까지는 보통 4~8주가 소요된다.

독일에서 한국으로 귀국할 경우에는 최초로 교환이 이루어진 관청을 찾아가 다시 한국 운전면허증으로 교환하는 것이 원칙이나 장기간 독일 생활로 인해 최초의 교환이 이루어진 곳으로 가서 교환하기 어려운 상황에 놓일 경우가 많다. 이 경우 독일 운전면허증은 그대로 소지하고 한국 귀국 후 운전면허증 분실신고로 재발급받아 사용하면 이러한 번거로움을 피할 수 있다. 독일 운전면허증은 유효기간이 없으므로 갱신할 필요도 없다.

Chapter 19

지시대명사

지시대명사는 이미 언급된 명사를 지시해 주거나 명사를 동반하지 않고 쓰이는 대명사이다. 지시대명사는 '이것', '저것', '이와 같은 것', '그러한 것' 등 어떠한 대상을 가리키는 역할을 한다. 지시대명사에는 der/die/das, dies-/jen-, derselbe-/dieselbe-/dasselbe-, derjenige-/diejenige-/dasjenige-, solch- 등이 있다.

1. 지시대명사 der, die, das

지시대명사 der, die, das는 특정하거나 잘 알려진 사람, 혹은 사물을 지시한다. 정관사와 형태가 유사하나 단수 2격과 복수 2격, 복수 3격에서 정관사와 일정한 차이가 있다. 관계대명사와 형태가 동일하다. 형태는 다음과 같다.

	남성(m.)	여성(f.)	중성(n.)	복수(pl.)
1격	der	die	das	die
2격	des**sen**	der**en**	des**sen**	der**en** / der**er**
3격	dem	der	dem	den**en**
4격	den	die	das	die

A : Wo hast du denn <u>den Schreibtisch</u> her? 너 이 책상 어디서 난 거야?
B : **Den** habe ich auf dem Kaufhaus gekauft. 나는 그것을 백화점에서 샀어.

위 문장에서 남성명사 4격 den Schreibtisch를 가리키는 지시대명사 남성 4격은 den이다.

A : Wo ist dein altes Auto? 네 낡은 자동차는 어디에 있니?
B : <u>Mein altes Auto?</u> **Das** habe ich schon verkauft. 내 낡은 차 말이니? 그거 벌써 팔았어.

Auto가 중성이므로 그것을 가리키는 중성 지시대명사 4격은 das이다. 하지만 지시대명사 das는 중성명사를 지시할 뿐만 아니라 성과 수를 구분하지 않고 쓰일 때가 있으며, 때로는 문장 전체를 지시하기도 한다.

A : Wer ist **das**? 이 사람은 누구입니까?
B : **Das** ist Herr Neumann. 이 사람은 노이만 씨입니다.

A : Wer sind diese Mädchen? 이 소녀들은 누구입니까?
B : **Das** sind meine Kinder. 얘들은 나의 아이들입니다.

A : Arbeitest du noch beim Supermarkt? 아직도 슈퍼마켓에서 일하니?
B : **Das** mache ich nicht mehr. 더 이상 안 해.

2. 지시대명사 dies-, jen-

지시대명사 dies-(이것, 이 사람)나 jen-(저것, 저 사람)은 사람과 사물을 가리킬 때 사용되며, 시간이나 공간적으로 가까운 곳에는 dies-, 먼 곳에는 jen-을 사용한다. 정관사 어미변화를 한다.

	남성(m.)		여성(f.)		중성(n.)		복수(pl.)	
1격	dies**er**	jen**er**	dies**e**	jen**e**	dies**es**	jen**es**	dies**e**	jen**e**
2격	dies**es**	jen**es**	dies**er**	jen**er**	dies**es**	jen**es**	dies**er**	jen**er**
3격	dies**em**	jen**em**	dies**er**	jen**er**	dies**em**	jen**em**	dies**en**	jen**en**
4격	dies**en**	jen**en**	dies**e**	jen**e**	dies**es**	jen**es**	dies**e**	jen**e**

이 지시대명사는 명사와 함께 쓰이기도 하며 명사 없이 독립적으로 쓰이기도 한다.
예 **Dieser** Mann ist gross, **jener** ist klein. 이 남자는 크고 저 남자는 작다.
Dieses ist interessant, **jenes** ist langweilig. 이것은 재미있고 저것은 재미없다.

또한 dies는 성과 수에 관계없이 어미변화하지 않고 사용되기도 하며 때로는 문장 전체를 받기도 한다.
예 **Dies** ist seine Wohnung. 이것은 그의 집이다.
Dies sind meine Kinder. 이들은 내 아이들이다.
Sie hat die Einladung abgelehnt. **Dies** hat alle überrascht.
그녀는 초대를 거절했다. 이것은 모든 사람들을 놀라게 했다.

3. 지시대명사 derselbe-, dieselbe-, dasselbe-와 derjenige-, diejenige-, dasjenige-

지시대명사 derselbe-, dieselbe-, dasselbe-는 '그와 똑같은'의 뜻으로서 동일하거나 비슷한 사람, 혹은 사물을 가리킬 때 쓰는 표현이다. derjenige-, diejenige-, dasjenige-도 '그와 같은 사람들'이라는 뜻으로 사용되지만 관계대명사의 선행사로 쓰이는 것이 특징이다. derselbe는 der+selbe, derjenige는 der+jenige로서 '정관사+형용사' 구조이기 때문에 형용사 약변화를 한다.

	남성(m.)	여성(f.)	중성(n.)	복수(pl.)
1격	derselbe	dieselbe	dasselbe	dieselben
	derjenige	diejenige	dasjenige	diejenigen
2격	desselben	derselben	desselben	derselben
	desjenigen	derjenigen	desjenigen	derjenigen
3격	demselben	derselben	demselben	denselben
	demjenigen	derjenigen	demjenigen	denjenigen
4격	denselben	dieselbe	dasselbe	dieselben
	denjenigen	diejenige	dasjenige	diejenigen

예) Er hat mir **dieselbe** Geschichte erzählt. 그는 나에게 그와 똑같은 이야기를 해주었다.
Er hat mir **dieselbe** erzählt. 그는 나에게 그와 똑같은 것을 얘기해 주었다.

이와 같이 derselbe는 명사를 수식하기도 하며 독립적으로 사용되기도 한다. 그러나 derjenige는 관계대명사의 선행사로 사용된다.

예) Das Lied gefällt nur **denjenigen**, die Popmusik mögen.
그 노래는 팝 음악을 좋아하는, 그런 사람들에게만 마음에 드는 노래다.
Derjenige, der sie begleitet, heißt Paul.
그녀와 함께 한 그(와 같은) 남자는 파울이라고 한다.

4. 지시대명사 solch-

지시대명사 solch- 형태는 '그러한' 혹은 '그러한 종류의'라는 뜻으로 정관사 어미변화와 유사한 형용사의 강변화를 따른다.

	남성(m.)	여성(f.)	중성(n.)	복수(pl.)
1격	solcher	solche	solches	solche
2격	solchen	solcher	solchen	solcher
3격	solchem	solcher	solchem	solchen
4격	solchen	solche	solches	solche

일반적으로 solch-는 명사를 꾸며주는 용법으로 사용된다. 특히 부정관사와 명사 사이에서 형용사처럼 쓰이기도 하며 부정관사 앞에서 변화 없이 사용되기도 한다.

예) Peter hat ein neues Haus. 페터는 새 집을 가지고 있다.
Ein solches Haus war immer mein Traum. 그런 집은 항상 나의 꿈이었다.
Solch ein Haus habe ich noch nie gesehen. 나는 그런 집을 지금껏 보지 못했다.

❀ 독일 속담에 대해 알아볼까요?

· Man muss das Eisen schmieden, solange es heiss ist.
쇠뿔도 단김에 빼야 한다.

· Die Zeit heilt alle Wunden.
시간이 지나면 모든 것이 해결된다.

연습문제

A. 보기와 같이 다음 문장에 알맞은 지시대명사를 써넣어 봅시다.

> 보기) Hast du den Dieb gesehen? <u>Den</u> habe ich nicht gesehen.

1) Wo ist die Vase? _____ habe ich auf den Tisch gestellt.

2) Was hast du deinen Freunden gegeben? _____ habe ich Geschenke gegeben.

3) Wir bedürfen _____, die uns helfen wollen.

4) Er muss in der Firma um 8 Uhr sein. _____ hat er schon vergessen.

5) Ich habe heute einen Termin mit dem Chef und seiner Sekretärin. _____ ist 25 Jahre alt und _____ ist 52 Jahre alt.

6) Die Augen _____ Frau sind faszinierend.

7) _____ Regal ist zu groß für uns.

8) Ich möchte ein _____ Auto kaufen.

B. 보기와 같이 다음 문장을 지시대명사 derselbe, diejenige 형태를 사용하여 완성해 봅시다.

> 보기) Im Kino läuft schon seit Wochen <u>derselbe</u> Film.

1) Michael trägt heute _____ Pullover wie gestern.

2) Das Geschenk ist für _____, der Geburtstag hat.

3) Meine Grosseltern sind an _____ Tag gestorben.

4) _____, die keinen Ausweis dabei haben, können nicht eintreten.

독일 유학, 이것만 알면 된다!

워킹홀리데이 비자

한국의 젊은이들이 독일의 문화와 일상생활을 체험할 수 있도록 하기 위해 독일에서 관광 취업을 허가한 제도가 바로 워킹홀리데이 비자다. 독일과 한국 간의 워킹홀리데이 비자 협약은 2009년에 발효되었으며 비자의 유효기간은 최대 12개월이다. 독일 체류 경력이 있다면 비자 발급이 취소되며 비자 발급이 1회만 가능하므로 이미 발급받은 사람은 신청할 수 없다.

신청자격은 만 18세 이상 30세 이하의 대한민국 국적 청년이며, 신청자격이 없는 배우자나 자녀는 동반이 불가능하다. 구비해야 할 서류로는 비자 신청서, 여권, 재정증명서, 보험계약서, 수수료(60유로 상당) 등이다. 비자 신청은 본인이 직접 주한 독일대사관 영사과에서 해야 하며 처리기간은 접수일로부터 약 5일 정도 소요된다.

관광 취업 목적의 일자리는 신청인 본인이 직접 구해야 한다. 독일에서 일을 해야 하므로 일정한 독일어 실력을 갖추는 것이 유리하다. 현 고용지원센터(www.arbeitsagentur.de) 혹은 다음과 같은 인터넷 구직 사이트를 참고할 수 있다.

www.jobs.de
www.monster.de
www.jobpilot.de
http://jobs.meinestadt.de/

Chapter 20
관계대명사

독일어의 관계대명사는 영어의 관계대명사처럼 공통 명사를 가진 두 문장을 하나의 문장으로 이어줄 때 하나를 지시어로 나타낸 대명사이다. 이에 따라 관계대명사는 지시대명사의 변화 체계를 그대로 따르며, 지시대명사의 특수한 용법이라고 볼 수도 있다. 관계대명사의 형태는 다음과 같다.

1. 관계대명사의 형태

	남성(m.)	여성(f.)	중성(n.)	복수(pl.)
1격	der	die	das	die
2격	des**sen**	der**en**	des**sen**	der**en**
3격	dem	der	dem	dene**n**
4격	den	die	das	die

관계대명사는 전체적으로 정관사의 형태와 동일하며 다만 단수 2격과 복수 2격, 3격 형태가 정관사와 다르다. 관계대명사가 정관사와 다른 점은 명사를 동반하지 않고 독립적으로 사용할 수 있다는 것이다. 관계대명사의 구조와 특징에 대해서 알아보자.

2. 관계대명사의 구조와 특징

   a. Der Mann steht auf der Strasse. 그 남자는 거리 위에 서 있다.
   b. Der Mann trägt einen Hut. 그 남자는 모자를 쓰고 있다.

위의 두 문장은 Der Mann이라는 명사를 공통적으로 사용하고 있는 문장이다. 이 두 문장을 관계대명사가 포함된 관계문장을 이용하여 하나의 문장으로 만들면 다음과 같이 나타낼 수 있다.

예) Der Mann, **der einen Hut trägt**, steht auf der Strasse. 모자를 쓰고 있는 그 남자가 거리에 서 있다.

b 문장을 관계문장으로 처리할 경우, a 문장의 Der Mann와 steht auf der Strasse 사이에 위치하게 되며, 관계문장에서 공통 명사인 Der Mann은 관계대명사 처리하고 동사 trägt는 후치한다. 이 문장 구조는 관계문장이 주문장 내에서 삽입된 형태다.

이에 따라 관계대명사가 포함된 관계문장과 주문장 간의 문장 배열 구조와 특징을 다음과 같이 나타낼 수 있다.

구조	선행사 + ,(콤마) + 관계대명사 + ⋯ + 동사후치 + ,(콤마) + 정동사 + ⋯
특징	1. 두 문장을 하나로 만들 때 공통적인 명사 중 하나가 관계대명사가 된다. 2. 관계문장의 맨 앞에 관계대명사가 위치하고 동사는 관계문장의 끝에 후치한다. 3. 관계대명사의 성과 수는 선행사에 맞추며, 격은 관계문장 내에서 결정된다. 4. 명사(선행사)의 뒤에 관계문장을 붙이고 명사와 관계대명사 사이에 항상 콤마(,)를 찍는다.

3. 관계대명사의 용법

관계대명사 1격

1격은 주격이므로 관계대명사 자체가 관계문장 내에서 주어 역할을 하는 경우다. 다음 문장을 살펴보자.

a. Der Mann geht ins Kino. 그 남자는 영화관에 간다.
b. Der Mann hat kurze Haare. 그 남자는 머리카락이 짧다.
c. Der Mann, **der kurze Haare hat**, geht ins Kino. 머리카락이 짧은 그 남자는 영화관에 간다.

여기서 a 문장과 b 문장을 합하여 새로운 c 문장을 만들었는데, c 문장이 바로 관계문장을 포함한 문장이다. Der Mann이 선행사가 되며, 관계문장에서 동사는 후치하였고, 관계대명사는 선행사의 성과 동일한 남성, 그리고 격은 관계문장 내에서 주어로 쓰였으므로 남성 1격 관계대명사 der를 택한다.

관계대명사 4격

4격은 직접목적어이기 때문에 관계문장에서 주어가 될 수 없다. 관계문장의 주어는 따로 존재한다.

a. Der Mann geht ins Kino. 그 남자는 영화관에 간다.
b. Ich habe gestern den Mann gesehen. 나는 어제 그 남자를 보았다.
c. Der Mann, **den ich gestern gesehen habe**, geht ins Kino. 내가 어제 봤던 그 남자는 영화관에 간다.

b 문장에서 공통 명사인 Mann이 남성 4격 목적어로 사용되었기 때문에 관계대명사 역시 남성 4격이

Chapter 20. 관계대명사   145

쓰였다. 관계문장의 주어는 ich이며 완료조동사 habe가 관계문장에서 후치한다.

관계대명사 3격

관계대명사 3격은 관계문장 내에서 주로 간접목적어나 3격 지배동사의 목적어로 사용된다.

a. Der Mann geht ins Kino. 그 남자는 영화관에 간다.
b. Ich habe dem Mann geholfen. 나는 그 남자를 도와주었다.
c. Der Mann, **dem ich geholfen habe**, geht ins Kino. 내가 도와주었던 그 남자는 영화관에 간다.

helfen은 3격 지배동사이다. 관계문장에서의 목적어가 3격이어야 하므로 관계대명사 3격이 사용되었다.

관계대명사 2격

a. Der Mann geht ins Kino. 그 남자는 영화관에 간다.
b. Die Frau des Mannes ist Ärztin. 그 남자의 부인은 의사이다.
c. Der Mann, **dessen Frau Ärztin ist**, geht ins Kino. (그의) 부인이 의사인 그 남자는 영화관에 간다.

b 문장에서 2격 명사인 des Mannes가 사용되었으므로 관계대명사도 남성 2격 형태인 dessen이 사용되며 2격은 소유격이므로 다음의 명사인 Frau를 수식해 준다.

전치사가 있는 관계대명사

전치사의 목적어가 관계대명사일 경우엔 관계대명사 앞에 전치사가 놓이게 된다. 즉, '전치사+관계대명사' 형태로 관계문장을 이끌게 된다.

a. Der Mann ist mein Lehrer. 그 남자는 나의 선생님이다.
b. Ich habe mit dem Mann gesprochen. 나는 그 남자와 얘기했다.
c. Der Mann, **mit dem ich gesprochen habe**, ist mein Lehrer.
내가 함께 얘기한 그 남자는 나의 선생님이다.

4. 관계부사 wo

꾸밈을 받는 명사(선행사)가 장소를 나타낼 때, 관계대명사 대신 관계부사 wo가 쓰일 수 있다. 선행사가 성을 알 수 없는 지명일 때도 자주 사용된다.

a. Ich gehe wieder ins Hotel, **wo ich 3 Tage geblieben bin**. 나는 3일간 머물렀던 호텔로 다시 간다.
b. Hier ist Hamburg, **wo ich seit einem Jahr wohne**. 여기는 내가 1년 전부터 살고 있는 함부르크이다.

5. 관계대명사 wer, was

의문대명사인 wer나 was가 관계대명사로 사용되는 경우가 있다. wer는 사람을 나타내어 '~한 사람은'이라고 표현되며, was는 사물을 가리켜 '~한 것'으로 표현한다. 관계대명사 wer, was 역시 3인칭 단수로 쓰이고 문장 내에서 격을 결정한다.

a. **Wer** viel Geld verdient, (der) ist oft arrogant. 돈을 많이 버는 사람은(그 사람은) 종종 거만하다.
b. **Wem** du hilfst, (der) wird auch dir helfen. 네가 돕는 자도 역시 너를 도울 것이다.
c. **Was** sehr interessant ist, ist das Automuseum. 아주 흥미로운 것은 자동차 박물관이다.
d. **Was** ich brauche, ist in meiner Tasche. 내가 필요로 하는 것은 내 가방 안에 있다.

이 밖에 선행사가 alles, nichts, einiges, etwas, manches, vieles, weniges와 같은 부정대명사, 혹은 das, dasselbe와 같은 지시대명사, 또는 최상급일 때 관계대명사 was가 자주 사용된다.

a. **Alles**, was ich weiss, ist die Wahrheit. 내가 알고 있는 모든 것은 진실이다.
b. Er hat **nichts** verstanden, was ich ihm gesagt hatte. 그는 내가 그에게 말한 것을 아무것도 이해하지 못했다.
c. Das ist **das Schönste**, was ich gesehen habe. 이것은 내가 본 가장 아름다운 것이다.
d. Essen Sie nur **das**, was ich Ihnen empfohlen habe. 내가 당신께 추천해 드린 것만 드세요.

🌼 독일 속담에 대해 알아볼까요?

· Was drei wissen, erfahren hundert.
  발 없는 말이 천 리 간다.

· Schritt vor Schritt kommt auch ans Ziel.
  천 리 길도 한 걸음부터.

연습문제

A. 보기와 같이 밑줄 친 부분에 들어갈 관계대명사를 써 봅시다.

> 보기   Der Mann, <u>der</u> dort steht, ist mein Onkel.

1) Das Kind, _____ im Kindergarten spielt, ist 6 Jahre alt.

2) Die Frau, _____ Mann Pilot ist, heisst Paulina.

3) Die Leute, _____ wir gestern geholfen haben, sind sehr arm.

4) Der Chef, _____ Großvater die Firma gegründet hatte, wurde festgenommen.

5) Die Bücher, für _____ er sich interessiert hat, sind teuer.

6) Der Bus, auf _____ ich so lange wartete, kommt jetzt.

7) Die Taschen, in _____ das Geld war, waren blau.

8) Ich konnte leider nicht zur Party gehen, auf _____ ich mich schon so gefreut hatte.

9) Die Kollegin, mit _____ ich zusammen arbeite, kommt heute etwas später.

10) Der Tag, _____ man in vielen Ländern feiert, ist Neujahr.

11) Das alte Restaurant, _____ ich am Wochenende esse, wird renoviert.

12) _____ Zeit hat, kann mit mir reisen.

13) Du weisst etwas Wichtiges, _____ ich nicht verstehe.

B. 보기와 같이 다음의 두 문장을 관계대명사를 이용하여 한 문장으로 완성해 봅시다.

> 보기   Michael hat eine Jacke bekommen. Die Jacke ist ihm zu klein.
> → <u>Michael hat eine Jacke bekommen, die ihm zu klein ist.</u>

1) Das sind die Aufgaben. Wir sollen sie bis morgen lösen.

_____

연습문제

2) Das ist ein Baum. Den Baum hat mein Opa gepflanzt.
_____.

3) Ich habe einen Hund. Seine Augen sind blau.
_____.

4) Das sind unsere Nachbarn. Wir haben ihnen Schokolade geschenkt.
_____
_____.

5) Du hast alles gehalten. Du hast es mir versprochen.
_____.

6) Das ist eine Note. Du kannst mit der Note zufrieden sein.
_____.

7) Ich habe ein Angebot bekommen. Ich muss über das Angebot noch nachdenken.
_____
_____.

8) Wer will Urlaub machen? Der muss diesen bis Ende August nehmen.
_____
_____.

독일 유학, 이것만 알면 된다!

기숙사 신청에 관하여

독일 대학교에 정식 등록을 하게 되는 경우 일반적으로 기숙사를 신청할 수 있는 자격이 주어진다. 보통 각 대학의 학생후생처(Studentenwerk)에서 기숙사를 관리하게 되는데 신청서를 제출하면 제출 순서, 혹은 해당 조건에 따라 기숙사를 배정받게 된다. 하지만 신청자는 많고 기숙사 시설은 한정되어 있기 때문에 보통 수개월을 대기해야 하는 현실이다.

기숙사의 장점은 침대, 책상, 옷장 등 가구가 비치되어 있다는 것이다. 그래서 당장 가구가 없는 초보 유학생들에게 매력적이다. 또한 일반 개인 임대주택보다 월세가 저렴하다는 것 역시 장점이다. 하지만 거주할 수 있는 기간(보통 3년)이 제약되어 있어 장기간 유학을 계획하고 있는 학생들에게는 불리하다. 이런 이유로 계약기간이 만료되어 다시 이사를 나가게 되면 가구를 새로 구입해야 하는 단점이 있다.

학교에서 운영하는 기숙사 외에 천주교나 기독교 단체 등 종교단체에서 운영하는 기숙사들이 있는데 이러한 사설 기숙사의 경우에는 어학원생이나 유학 준비생들도 신청이 가능하다. 이러한 기숙사들은 신청 마감시한이 없으므로 필요한 때 가서 신청을 해 놓으면 자리가 나는 대로 연락을 준다. 학교 기숙사보다는 사설 기숙사가 대기기간이 짧은 편이다. 사설 기숙사 리스트는 학생 후생처나 학생회(ASTA)에서 제공받을 수 있다.

Chapter 21

수동문

수동태로 이루어진 문장을 수동문이라 한다. 능동문에서 4격 목적어가 수동문에서는 주어가 되며, 능동문에서는 행위자가 강조되는 반면 수동문에서는 행위가 강조된다. 서술문이나 문어체에 주로 사용된다.

1. 수동문의 공식

> 주어+**werden**+(von+3격)+ … +**PII(과거분사)**.

1) 능동의 4격 목적어가 수동태의 주어
2) 문장 구성은 '주어+werden+(von+3격)+…+PII(과거분사).'
3) 능동의 주어는 수동태에서 von+3격
   예 Ich liebe dich. 나는 너를 사랑한다.(능동문)
   　　Du **wirst** von mir **geliebt**. 너는 나에 의해서 사랑을 받는다.(수동문)

위의 문장에서 능동의 4격 목적어인 dich가 수동에서는 du(주어)가 되었으며, 수동 조동사인 werden 동사는 주어의 인칭에 맞게 wirst가 되고, 문장 제일 끝에 lieben의 과거분사인 geliebt가 사용되었다. 능동의 주어인 ich는 수동에서 'von+3격(mir)'으로 변환된다.

2. 수동문의 시제

	능동	수동
현재	Ich liebe dich.	Du wirst von mir geliebt.
과거	Ich liebte dich.	Du wurdest von mir geliebt.

현재완료	Ich habe dich geliebt.	Du bist von mir geliebt worden.
과거완료	Ich hatte dich geliebt.	Du warst von mir geliebt worden.
미래	Ich werde dich lieben.	Du wirst von mir geliebt werden.
미래완료	Ich werde dich geliebt haben.	Du wirst von mir geliebt worden sein.

수동문의 시제는 능동문과 동일하고 형태만 다르다. 능동이 현재형이면 수동도 현재형, 능동이 과거형이면 수동도 과거형을 써야 한다. 완료 수동에서는 완료조동사 sein이 쓰이며 수동조동사인 werden은 과거분사형(geworden)으로 후치하되 ge-를 뺀 worden만 쓰인다.

3. 기타 수동문의 용법

man을 주어로 하는 능동문

a. Man schreibt einen Brief. 사람들은 편지 한 통을 쓴다.(능동)
b. Ein Brief **wird geschrieben**. 편지 한 통이 쓰여진다.(수동)

능동문에서 man이 주어일 경우에는 수동문에서 man을 생략하고 'von+3격' 역시 쓰지 않는다. 능동의 4격 목적어인 einen Brief만이 수동에서 주격(Ein Brief)으로 사용되었다.

자동사의 수동

a. Er hilft meiner Mutter. 그는 어머니를 돕는다.(능동)
b. **Es** wird meiner Mutter von ihm **geholfen**. 어머니는 그에 의해 도움을 받는다.(수동)

수동문에서 주어가 될 수 있는 것은 항상 능동의 4격 목적어뿐이다. 하지만 능동문에서 4격 목적어가 필요 없는 자동사가 쓰일 때, 수동에서는 es라는 문법적 주어를 강제로 배치시킨다. 그리고 능동에서의 3격 목적어는 수동문에서도 그대로 3격 목적어로 배치된다. 이때 3격 목적어나 부사 등이 문두에 위치하여 도치 형태가 되면 es는 생략된다.

예 Meiner Mutter **wird** von ihm **geholfen**.(es는 생략)

화법조동사가 있는 수동문

a. Ich kann heute das Buch lesen. 나는 오늘 책을 읽을 수 있다.(능동)
b. Das Buch **kann** heute von mir **gelesen werden**. 그 책이 나에 의해서 읽혀질 수 있다.(수동)

화법조동사가 있는 능동을 수동문으로 바꿀 때는 화법조동사가 그대로 문장의 골격을 이루며 수동 공식은 문장 제일 뒤에서 이루어진다. 즉, '**화법조동사+…+PII(과거분사)+werden.**'의 구조가 된다. 원래의 수동문에 존재하는 수동조동사 werden이 화법조동사가 개입됨으로써 문장 제일 뒤로 밀려나 원형으로 후치하는 형태다.

화법조동사가 있는 수동문의 완료형은 항상 완료조동사 haben이 결합된 형태이며, 그때의 화법조동사는 과거분사 형태가 아니라 원형으로 후치된다. 다음은 화법조동사가 있는 수동문을 6가지 시제 형태로 나타낸 것이다.

현재	Er muss untersucht werden.	그는 진찰받아야 한다.
과거	Er musste untersucht werden.	그는 진찰받아야 했다.
현재완료	Er hat untersucht werden müssen.	그는 진찰받아야 했다.
과거완료	Er hatte untersucht werden müssen.	그는 진찰받아야 했었다.
미래	Er wird untersucht werden müssen.	그는 진찰받아야 할 것이다.
미래완료	Er wird untersucht worden sein müssen.	그는 진찰받았어야 할 것이다.

상태수동

이미 종료된 행위의 결과를 서술하고자 할 때 상태수동이 쓰인다. 일반수동이 행위의 과정이 강조된 것이라면 상태수동은 행위가 종료된 상태를 강조한다. 상태수동은 조동사로 werden 대신 sein을 사용한다.

a. Die Wäsche **wird** gewaschen. 세탁물이 세탁된다.(일반수동-행위의 과정)
b. Die Wäsche **ist** gewaschen. 세탁물이 세탁된 상태다.(상태수동-행위가 종료된 상태)

유사수동(수동의 가능을 표현할 때)

수동문 중에서 가능(~될 수 있다)을 나타내고자 할 때는 다양한 형태로 표현할 수 있다.

1) lassen sich+…+동사의 원형
   예 Diese Aufgabe **lässt sich** leicht **lösen**. 이 과제는 쉽게 해결될 수 있다.

2) sein+…+zu+동사의 원형
   예 Diese Aufgabe **ist** leicht **zu lösen**. 이 과제는 쉽게 해결될 수 있다.

3) sein+…+동사의 어간+bar
   예 Diese Aufgabe **ist** leicht **lösbar**. 이 과제는 쉽게 해결될 수 있다.

연습문제

A. 보기와 같이 다음 수동문에서 주어진 동사의 알맞은 형태를 써 봅시다.

> 보기 Ein Brief wird von mir geschrieben. (schreiben) – 현재

1) Ein Geschenk wurde mir von meiner Mutter _____. (geben) – 과거
2) Viele Zigaretten sind von mir geraucht _____. (werden) – 현재완료
3) Alle Kranken haben untersucht werden _____. (müssen) – 현재완료
4) Ihr _____ von uns gefragt. (werden) – 현재
5) Hier darf nicht eingetreten _____. (werden) – 현재
6) Sie wurde von ihrem Vater zum Bahnhof _____. (mitbringen) – 과거

B. 보기와 같이 능동문을 수동문으로 바꿔 봅시다.

> 보기 Peter liest ein Buch. → Ein Buch wird von Peter gelesen.

1) Ich kaufe eine Fahrkarte.
   _____.

2) Er erzählte eine Geschichte.
   _____.

3) Maria rief mich an.
   _____.

4) Der Lehrer hat mich gefragt.
   _____.

5) Man arbeitet am Sonntag nicht.
   _____.

6) Man hat mir nicht geantwortet.
   _____.

연습문제

7) Wir müssen das Auto sofort reparieren.
   _____.

8) Ich habe das Geld nicht zahlen können.
   _____.

9) Meine Mutter hilft mir jeden Tag.
   _____.

10) Fritz hat mir gestern geantwortet.
    _____.

C. 보기와 같이 수동의 가능을 나타내는 유사수동 형태로 문장을 완성해 봅시다.

> 보기
> Die Tür kann geöffnet werden.
> → Die Tür lässt sich öffnen.
> → Die Tür ist zu öffnen.

1) Das Auto kann repariert werden.
   → _____.
   → _____.

2) Die Gäste können eingeladen werden.
   → _____.
   → _____.

3) Der Dieb kann verhaftet werden.
   → _____.
   → _____.

4) Die Patienten können operiert werden.
   → _____.
   → _____.

독일 유학, 이것만 알면 된다!

한국문화와 다른 점 (1) - 팁을 줘야 할까?

독일에서 호텔에 숙박하거나 택시를 타거나 혹은 식당에서 식사를 할 때는 서비스를 제공한 측에 팁을 주는 것이 보통이다. 의무는 아니지만 그것이 독일의 생활문화이므로 팁을 주는 그들의 문화에 익숙해져야 한다.

호텔에 숙박할 때는 체크아웃 하기 전에 자신이 사용한 침대맡에 1~2유로 정도는 놓고 오는 것이 좋다. 청소를 담당하는 직원을 위한 하나의 작은 배려라고 보면 된다. 택시를 탔을 경우에는 요금의 잔돈을 받지 않는 것으로 팁을 대신한다. 예를 들어 택시요금이 8유로 50센트 나왔을 경우, 10유로를 내고 잔돈을 거슬러받지 않는 식이다. 식당에서 식사를 했을 경우에도 자신이 속한 테이블의 서비스를 담당한 직원에게 식사 비용의 10% 정도를 팁으로 주는 것이 좋다. 물론 서비스가 마음에 들지 않거나 맛이 형편없을 경우, 의무적으로 팁을 줄 필요는 없다.

이 밖에 서비스업 계통에서 서비스를 받은 경우, 즉 미용실에서 자신의 헤어를 담당한 직원에게, 혹은 여행시 여행가이드에게도 팁을 주는 것이 일반적이다. 하지만 관광지 등에서 과도하게 많은 액수의 팁을 주는 것은 한국민들에 대한 선입견을 갖게 하는 것이므로 피하는 것이 좋다.

Chapter 22

부정대명사

부정대명사란 '정할 수 없는 사람이나 사물', 즉 불특정한 사람이나 사물을 지칭하는 대명사이다.

1. 부정대명사 man, einer, keiner

부정대명사에는 man(일반 사람들), einer(어느 사람), keiner(아무도 ~하지 않는) 등이 있다. 부정대명사의 인칭변화는 다음과 같다.

구분	man	einer / keiner		
		남성	여성	중성
1격	man	ein**er** / kein**er**	ein**e** / kein**e**	ein**s** / kein**s**
2격	ein**es**	ein**es** / kein**es**	ein**er** / kein**er**	ein**es** / kein**es**
3격	ein**em**	ein**em** / kein**em**	ein**er** / kein**er**	ein**em** / kein**em**
4격	ein**en**	ein**en** / kein**en**	ein**e** / kein**e**	ein**s** / kein**s**

부정대명사의 특징

부정대명사의 특징	1. 부정대명사는 항상 3인칭 단수 취급을 한다. 2. ein-이나 kein-을 어간으로 하여 정관사 어미변화를 한다. 3. 중성 1격과 4격은 eines(keines)가 아니라 eins(keins)이다. 4. 부정대명사를 받는 인칭대명사는 보통 er이며 재귀대명사는 sich, 소유대명사는 sein이다.

부정대명사의 용법

man은 특정한 사람이 아니라 불특정 다수를 뜻한다. 번역 시에는 '사람들(복수)'로 해석해야 자연스러우나, 문법적으로는 단수로 사용되는 부정대명사이다. man으로 시작하는 경우에만 대문자로, 그 외의 경우에는 소문자를 사용해야 하는 대명사다.

예 **Man** darf hier nicht rauchen. 사람들은 여기서 담배를 피우면 안 된다.

부정대명사 einer/keiner는 부정관사와 유사한 형태를 띠고 있으나 부정관사는 아니다. 명사 없이 독립적으로 사용 가능함을 주목하도록 하자.

예 A : Wir müssen hier auf unsere Freunde warten. 우리는 여기서 친구들을 기다려야 해.
   B : Da kommt **einer**. 저기 한 사람이 온다.

   A : Hast du einen Kugelschreiber? 너 볼펜 가지고 있니?
   B : Ich habe **einen**. 나 하나 있어.

eins나 keins는 중성명사를 받을 때 사용되는 부정대명사이다. 1격과 4격의 형태가 eines/keines가 아닌, eins/keins임에 유의하자.

예 A : Hast du ein Heft? 너 공책 있니?
   B : Ja, ich habe **eins**. 응, 하나 있어.

   A : Hast du auch ein Auto? 너 자동차도 가지고 있니?
   B : Nein, ich habe **keins**. 아니, 한 대도 없어.

2. 부정대명사 jemand, niemand, jedermann, jeder

구분	jemand	niemand	jedermann	jeder		
				남성	여성	중성
1격	jemand	niemand	jedermann	jed**er**	jed**e**	jed**es**
2격	jemand(e)s	niemand(e)s	jedermanns	jed**es**	jed**er**	jed**es**
3격	jemand(em)	niemand(em)	jedermann	jed**em**	jed**er**	jed**em**
4격	jemand(en)	niemand(en)	jedermann	jed**en**	jed**e**	jed**es**

부정대명사 jemand, niemand는 영어의 somebody, nobody처럼 불특정한 사람을 지칭하며, jedermann, jeder는 각자의 모든 사람을 뜻한다. 3인칭 단수 취급을 하는 것에 유의해야 하며, 특히 jeder 형태는 수식적으로도, 독립적으로도 사용이 가능하고, 정관사 어미변화를 한다.

예 A : Hat **jemand** noch eine Frage? 누구 질문 있습니까?
   B : Nein, **niemand**. 아니오, 아무도(없습니다).

A : Frau Klein, suchen Sie **jemand(en)**? 클라인 부인, 누군가를 찾으세요?
B : Nein, ich suche **niemand(en)**. 아니요, 저는 아무도 찾지 않습니다.

Sie ist eine Schauspielerin, die **jedermann** kennt. 그녀는 누구나 아는 배우이다.
Jedes Kind weiss, was das ist. 그것이 무엇인지 모든 아이들이 안다.
Jeder hat seinen eigenen Geschmack. 누구나 자기 자신의 취향이 있다.
Das kann doch **jedem** mal passieren. 그것은 정말 누구에게나 한 번쯤 일어날 수 있다.

3. 부정대명사 etwas, nichts, alle, alles

구분	etwas	nichts	alle	alles
1격	etwas	nichts	alle	alles
2격			aller	alles / allen
3격			allen	all(em)
4격			alle	alles

부정대명사 etwas, nichts는 영어의 something, nothing처럼 각각 '어떤 것', '아무것도 아닌 것'을 지칭하는 대명사이다. 격변화를 하는 alle, alles는 영어의 everybody, everything처럼 각각 '모든 사람', '모든 것'을 가리키나 모든 사람들을 지칭하는 alle는 jeder와는 달리 복수 취급을 한다.

A : Hast du **etwas** gesehen? 너 뭔가를 본 거야?
B : Nein, ich habe **nichts** gesehen. 아니, 나 아무것도 보지 못했어.

例 **Aller** Anfang ist schwer. 모든 시작은 어렵다.
Alle wollen die Ausstellung sehen. 모든 사람들이 그 전시회를 보려고 한다.
Sie hat **alles**, was sie will. 그녀는 자기가 원하는 것은 모두 가지고 있다.

4. 부정대명사 viele, wenige, einige

부정대명사 viele, wenige, einige 등은 사람이나 사물의 양을 뜻하기 때문에 부정수사라고도 불린다. 일반적으로 형용사 어미변화를 하며, 명사적 용법으로 쓰이기도 한다.

例 **Viele** Leute haben den Unfall gesehen. 많은 사람들이 그 사고를 목격했다.
Viele haben Angst vor Schlangen. 많은 이들이 뱀을 무서워한다.
Er besitzt nur **wenige** Bücher. 그는 책을 조금만 가지고 있다.
Wir verreisen mit **einigen** Freunden. 우리는 몇몇 친구들과 함께 여행을 떠났다.
Einige wissen **weniges**, aber sie erzählen **vieles**. 몇몇 사람들은 아는 게 적지만 이야기를 많이 한다.

연습문제

A. 보기와 같이 부정대명사를 완성해 봅시다.

> 보기 Hast du einen Füller?   Ja, ich habe <u>einen</u>.

1) Hast du kein Auto?   Doch, ich habe _____.
2) Hast du auch einen Computer? Natürlich habe ich _____.
3) Hast du eine Vase?   Nein, ich habe _____.
4) Hast du ein Handy?   Nein, ich habe _____.

B. 보기와 같이 빈칸에 알맞은 부정대명사를 써넣어 봅시다.

> 보기 Hat <u>jemand</u> eine Frage?

1) _____ muss einmal sterben.
2) Hast du gestern _____ getroffen? Nein, ich habe _____ getroffen.
3) Kannst du _____ für mich tun?
4) Sprechen Sie bitte mit _____ darüber. Das ist ein Geheimnis.
5) Ich glaube _____ von dem, was du erzählst.
6) Haben _____ Teilnehmer die Prüfung bestanden?
   Nein, _____ haben nicht bestanden.
7) Der Eiffelturm ist _____ der höchsten Türme der Welt.
8) Trinken Sie _____ Stunde ein Glas Wasser.

독일 유학, 이것만 알면 된다!

한국문화와 다른 점 (2) - 식당, 화장실

식당에서 식사를 할 때 한국에서 기본으로 제공되는 물이 독일에서는 유료다. 물(Mineralwasser) 한 잔에 2.50유로 정도로 비싼 편이다. 하지만 독일사람들은 식사 시에 가볍게 맥주나 포도주를 곁들이거나 음료를 마시는 게 일반적이기 때문에 그들의 식문화에 따라 가볍게 음료를 주문하는 것이 좋다고 할 수 있다. 주류를 원치 않는다면 콜라 등 청량음료나 각종 차를 주문해도 된다. 또 하나 주의해야 할 것은 샐러드 등 반찬 종류가 무료로 제공되지 않는다는 점이다. 한국에서는 기본적으로 제공되는 반찬이 있고, 모자랄 경우에는 반찬 추가가 자연스런 일이지만, 독일에서는 기본적으로 제공되는 반찬이 없어 샐러드 등 반찬류는 모두 유료로 주문해야 한다.

또한 독일에서 공중화장실은 대체로 유료로 운영된다는 사실을 인지하고 있어야 한다. 화장실을 사용하고 나면 출구쪽에 동전을 두고 가는 접시가 있거나 때로는 화장실 관리인이 동전을 내고 가는지 감시하는 경우도 있다. 대체로 50센트나 1유로짜리 동전을 내는 것이 보통이다. 물론 레스토랑이나 백화점 등 자신이 손님으로 이용하는 화장실의 경우에는 동전을 내지 않아도 되는 경우가 있으나 요즘은 이러한 곳의 화장실에도 화장실 관리인이 지켜서고 있는 경우가 많다.

그리고 화장실에서 변기를 사용할 경우에는 휴지는 변기 안에 넣어도 된다. 한국에서는 변기가 막힌다는 이유로 변기 안에 휴지를 넣지 않는 것이 일반적이나 독일은 청결문제로 휴지통을 따로 두지 않으며 물에 잘 녹는 휴지의 특성 때문에 변기에 휴지를 넣고 물을 내려도 문제가 없다. 한국에서도 휴지 때문에 변기가 막힌다는 상상은 오해에서 비롯된 것이라고 한다.

Chapter 23

접속사

접속사(Konjunktion)란 두 문장을 하나의 문장으로 연결하는 연결어로서 크게 등위접속사와 종속접속사로 나뉜다. 일반적으로 두 문장은 콤마(Komma)로 구분된다.

1. 등위접속사

등위접속사란 두 문장을 대등한 관계로 연결하는 접속사이며 다음과 같은 것들이 있다. 이때 문장의 배어법은 정치(접속사+주어+동사)이다.

1) **und** : 그리고
   - 예 Mein Vater arbeitet im Garten, **und** meine Mutter kocht in der Küche.
     아버지는 정원에서 일하시며 어머니는 부엌에서 요리하신다.

2) **aber** : 그러나
   - 예 Daniel geht zur Universität, **aber** Petra bleibt zu Hause.
     다니엘은 대학교에 간다. 그러나 페트라는 집에 머문다.

3) **oder** : 혹은
   - 예 Sie lesen Zeitungen **oder** arbeiten zusammen.
     그들은 신문을 읽거나 함께 일을 한다.

4) **denn**: 왜냐하면 ~이기 때문이다
   - 예 Hans geht früh zu Bett, **denn** er ist müde.
     한스는 피곤하기 때문에 일찍 잠자리에 든다.

이 밖에 다른 단어와 결합하여 사용되는 등위접속사도 있다.

5) **nicht A, sondern B** : A가 아니고 B이다.
   - 예) Er fliegt **nicht** nach England, **sondern** er fährt nach Frankreich.
     그는 영국으로 가는 것이 아니라 프랑스로 간다.

6) **sowohl A als auch B** : A는 물론이고 B도
   - 예) Er spricht **sowohl** Englisch **als auch** Deutsch.
     그는 영어는 물론이고 독일어도 한다.

7) **nicht nur A, sondern auch B** : A뿐만 아니라 B도
   - 예) Stefan spielt **nicht nur** gut Fußball, **sondern** kann **auch** gut Tennis spielen.
     슈테판은 축구만 잘하는 것이 아니라 테니스도 잘할 수 있다.

8) **entweder A oder B** : A 아니면 B
   - 예) David geht **entweder** nach Hause **oder** in die Kirche.
     다비드는 집으로 가거나 교회로 간다.

9) **weder A noch B** : A도 아니고 B도 아니다.
   - 예) Ich spreche **weder** Deutsch **noch** Englisch.
     나는 독일어도 못하고 영어도 못한다.

10) **zwar A, aber B** : 사실 A이긴 하지만 B이다.
    - 예) Er hat **zwar** lange in Deutschland gelebt, **aber** er spricht nicht gut Deutsch.
      그는 사실 독일에 오랫동안 살긴 했지만, 독일어를 잘 못한다.

2. 종속접속사

종속접속사는 하나의 문장을 주문장의 종속문(부문장)으로 만드는 역할을 한다. 즉, 종속문이란 하나의 문장이 다른 문장의 한 요소가 되어 있는 것을 말한다. 예를 들어 dass가 이끄는 부문장은 전체 문장의 목적어나 주어 역할을 하고, weil은 이유를 나타내는 부사의 역할을 한다. 종속접속사가 이끄는 독일어 부문장은 동사가 맨 뒤로 가는 것(후치)이 특징이다.

1) **dass** : ~하는 것
   - 예) Ich glaube, **dass** Marie heute nicht kommt.
     나는 마리아가 오늘 안 올 것이라고 생각한다.

2) **weil** : 왜냐하면 ~이기 때문이다

예 **Weil** ich heute sehr viel arbeitete, bin ich müde.
　내가 오늘 많이 일했기 때문에 피곤하다.

3) **wenn** : ~할 때, ~한다면
예 Ich verstehe nur wenig, **wenn** er schnell spricht.
　그가 빨리 말할 때, 나는 단지 조금만 이해할 뿐이다.

4) **als** : ~했을 때
예 **Als** wir in Berlin ankamen, war es bereits 8 Uhr.
　우리가 베를린에 도착했을 때는 이미 8시였다.

5) **damit** : ~하기 위해, ~하도록
예 Mein Vater hat mir Geld geschickt, **damit** ich mir einen Anzug kaufen kann.
　내가 양복을 살 수 있도록 아버지는 나에게 돈을 보내주었다.

6) **bis** : ~할 때까지
예 Ich werde warten, **bis** du mit der Arbeit fertig bist.
　너가 일을 마칠 때까지 나는 기다릴 것이다.

7) **während** : ~하는 동안에
예 Ich lernte Italienisch, **während** ich in Italien war.
　나는 이탈리아에 있었던 동안에 이탈리아어를 배웠다.

8) **obwohl, obschon, obgleich, wenn auch** : ~에도 불구하고
예 **Obwohl** er sehr müde ist, hilft er mir bei der Arbeit.
　그는 피곤함에도 불구하고 나의 일을 도와주었다.

9) **bevor** : ~하기 전에
예 **Bevor** man in Deutschland studieren kann, muss man Deutsch lernen.
　독일에서 공부할 수 있기 이전에 독일어를 배워야 한다.

10) **nachdem** : ~한 후에
예 **Nachdem** er Deutsch gelernt hatte, begann er mit seinem Studium.
　그가 독일어를 배운 후에 대학 공부를 시작했다.

11) **seitdem** : ~할 때부터, ~ 이래로
예 **Seitdem** er in Deutschland war, lernte er Deutsch schneller.
　독일에 있었을 때부터 그는 독일어를 더 빨리 배웠다.

12) **solange** : ~하는 한
   - 예 **Solange** es regnet, bleibe ich zu Hause.
     비가 오는 한 나는 집에 머물겠다.

3. 접속부사

문장과 문장을 연결해 주는 접속사적 역할을 하지만 부사로 구분되는 접속부사가 있다. '그 때문에', '그럼에도 불구하고'처럼 앞의 내용 전체를 지시하면서 뒤의 문장과 논리적 관계를 구성하는 부사가 접속부사다. 접속부사가 사용되면 뒤따르는 문장은 도치(동사+주어)되는 것이 특징이다.

1) **deshalb**, **deswegen**, **daher**, **darum** : 그 때문에, 그래서
   - 예 Martin kocht gern, **deshalb** lädt er jeden Abend seine Freunde ein.
     마틴은 요리를 즐겨 한다. 그래서 그는 매일 자기 친구들을 초대한다.

2) **trotzdem** : 그럼에도 불구하고
   - 예 Klaudia kann gar nicht schwimmen, **trotzdem** geht sie oft zum Schwimmbad.
     클라우디아는 수영을 전혀 못한다. 그럼에도 불구하고 그녀는 가끔 수영장에 간다.

3) **dagegen** : 그와 반대로
   - 예 Simon ist klein, **dagegen** ist sein Bruder sehr gross.
     시몬은 키가 작다. 그와 반대로 그의 형은 키가 아주 크다.

4) **stattdessen** : 그 대신에
   - 예 Valentin geht heute nicht spazieren, **stattdessen** geht er einkaufen.
     발렌틴은 오늘 산책하지 않는다. 그 대신에 그는 쇼핑하러 간다.

5) **sonst** : 그렇지 않으면
   - 예 Sie müssen ein Taxi nehmen, **sonst** kommen sie zu spät.
     그들은 택시를 타야 한다. 그렇지 않으면 늦게 올 것이다.

연습문제

A. 보기의 접속사를 이용하여 문장을 완성해 봅시다.

> 보기: und, oder, aber, dass, weil, wenn, als, obwohl, damit, nachdem, bevor, seitdem, während, bis

1) Du gehst weg. Ich bleibe hier.
   _____.

2) Ich gehe schlafen. Ich bin müde.
   _____.

3) Du musst Zähne putzen. Du gehst schlafen.
   _____.

4) Er war 7 Jahre alt. Er ging zur Schule.
   _____.

5) Viele Menschen sind arm. Sie sind zufrieden.
   _____.

6) Die Bücher werden morgen geliefert. Sie bestellen heute.
   _____
   _____.

7) Wissenschaftler haben herausgefunden. Tiere können auch sprechen.
   _____
   _____.

8) Es ging ihm besser. Er hatte die Tablette eingenommen.
   _____
   _____.

9) Viele Menschen treiben Sport. Sie wollen fit bleiben.
   _____
   _____.

연습문제

B. 보기와 같이 밑줄 친 부분에 알맞은 단어를 써넣어 봅시다.

> 보기   Heute ist nicht Montag, <u>sondern</u> Mittwoch.

1) Wir kaufen _____ Äpfel noch Birnen.

2) Peter ist nicht nur frech, _____ faul.

3) Wir fahren entweder nach Dresden _____ nach Leipzig.

4) Michael interessiert sich _____ für Sport als auch für Filme.

5) Tanja isst zwar gerne Salat, _____ keine Karotten.

C. 보기의 접속부사를 사용하여 문장을 완성해 봅시다.

> 보기   deshalb, trotzdem, dagegen, stattdessen, sonst

1) Wir haben kein Auto. Wir kommen mit dem Zug.
   _____ .

2) Er macht die Hausaufgaben nicht. Er geht mit seinen Freunden ins Kino.
   _____
   _____ .

3) Petra fährt mit dem Auto. Maria nimmt den Bus.
   _____ .

4) Sagen Sie mir, wer Sie sind. Ich rufe die Polizei.
   _____
   _____ .

5) Er hatte eine leichte Grippe. Er ging schwimmen.
   _____
   _____ .

독일 유학, 이것만 알면 된다!

독일의 직업학교에 대하여

독일인들이 대학에 입학하려면 초등학교(Grundschule)를 졸업하고 난 이후 인문계 중·고등학교라고 할 수 있는 김나지움(Gymnasium)에 진학하는 것이 일반적이지만, 대학을 목적으로 하지 않는 경우에는 실업학교라 할 수 있는 레알슐레(Realschule)나 하우프트슐레(Hauptschule)에 진학한다. 그리고 직업학교(Berufsschule)에서 집중적인 직업교육을 받게 되는데, 특정 분야에서 특별기술을 연마하여 마이스터(Meister)가 되면 사회적으로도 인정받고 생활도 안정되기 때문에 독일에서는 대학 진학이 필수 코스는 아니다.

우리나라에서도 고등학교를 졸업하면 독일의 직업학교에 진학할 수 있다. 물론 경력이나 기술에 따라 수업기간 또는 수준이 달라지게 되는데, 해당분야에서 6개월~1년 정도의 실습증명을 요구받는 경우도 있다. 따라서 꼼꼼하게 해당분야의 조건을 확인해야 한다. 어학은 중급(B1) 이상의 독일어 실력이면 되고 부설 어학원이 없기 때문에 어학문제를 스스로 해결해야 한다. 한국인의 경우 언어가 자유롭지 못하기 때문에 미리 한국에서 관련분야에 대한 교육을 받고 자격증을 딴 뒤 독일에서 직업교육을 하는 것이 좋다.

직업학교는 실무적인 내용을 주로 배우며 학교에서는 개인적인 상담 및 이론교육을 받고 자신의 직업과 연계된 회사나 공장에서 주로 실습을 한다. 한국과는 달리 먼저 나에게 일을 가르쳐 줄 회사에 서류를 내고 면접을 봐서 담당자가 본인을 고용해 주어야만 직업학교에 갈 수 있다. 2~3년 간의 과정을 이수한 뒤 보다 전문가가 되고 싶다면 2년 과정의 마이스터 과정(Meisterkurs)을 계속 밟게 된다. 직업학교로부터 입학허가를 받은 경우에는 비자 신청이 가능하다. 다음과 같은 웹사이트는 직업학교를 구하는 데 도움이 된다.

http://www.arbeitsamt.de
http://www.berufswahl.de
http://www.handwerk.de

Chapter 24

부문장

부문장은 주로 주문장에 종속된 문장, 즉 접속사가 이끄는 문장이거나 의문사가 포함된 간접화법 문장, 그리고 관계대명사가 사용된 관계문장을 일컫는다. 접속사와 관계대명사는 앞에서 설명이 되었으므로 여기에선 주로 dass 구문, zu 부정형 문장, 의문사가 포함된 간접화법 문장을 중심으로 설명하도록 한다.

1. dass 구문

1) 목적절로 사용될 때

dass는 일종의 접속사이며 dass가 이끄는 부문장은 목적절로 활용되는 경우가 많다. dass 구문 내에서 동사는 후치한다. 다음 두 가지 문장의 예를 들어보자.
 a. Ich weiss. 나는 알고 있다.
 b. Er kommt heute. 그는 오늘 온다.

이 두 문장을 하나의 문장으로 완성하려면 "나는 그가 오늘 온다는 것(사실)을 알고 있다."가 되어야 하므로 a는 주문장, b는 부문장으로 처리해야 할 것이다. 이때 dass라는 접속사를 사용하면 다음과 같은 문장이 된다.
 c. Ich weiss, **dass** er heute <u>kommt</u>. 나는 그가 오늘 온다는 것(사실)을 알고 있다.

또 다른 예를 들어보자.
 d. Ich hoffe. 나는 희망한다.
 e. Er verdient viel Geld. 그는 돈을 많이 번다.

이 경우에도 두 문장을 하나의 문장으로 바꿀 때 접속사 dass가 이용된다.
 f. Ich hoffe, **dass** er viel Geld <u>verdient</u>. 나는 그가 돈을 많이 벌기를 희망한다.

이처럼 '~하는 것'이라는 뜻을 가진 접속사 dass는 부문장을 이끌며 동사를 후치시키는 기능을 한다.

2) 전치사의 목적절로 사용될 때
　　dass 구문이 주문장에 사용된 전치사의 목적절일 경우에는 주문장에 'da+전치사'가 있어야 한다. 이때 모음으로 시작하는 전치사의 경우에는 da와 전치사 사이에 발음상 r를 추가한다.(darauf, darüber, daran 등)

　　예 Ich freue mich darüber, **dass** er mir ein Geschenk gegeben hat. 그가 내게 선물을 주어 기쁘다.
　　　 Ich warte darauf, **dass** Paul zu mir kommt. 파울이 내게 오기를 기다린다.

3) dass 이하의 내용이 주어로 사용될 때
　　때로는 dass 구문의 내용을 주문장의 문법적 주어인 es가 가리키는 경우도 있다.

　　예 **Es** tut mir leid, **dass** du mich nicht besucht hast. 네가 나를 방문하지 않아 유감이다.
　　　 Es ist wichtig, **dass** wir immer zusammenarbeiten. 우리가 항상 협동하는 것은 중요하다.

2. zu 부정법

영어의 to 부정사처럼, 독일어도 동사의 원형 앞에 zu를 사용하여 zu 부정법 문장을 완성할 수 있다. zu 부정법은 일반적으로 문장의 제일 끝에 위치하며, zu 구문과 주문장은 콤마로 구분한다. zu 부정법은 다양한 방법으로 사용될 수 있다.

1) 문법적 주어인 es의 내용으로
　　예 **Es** ist verboten, hier **zu parken**. 이곳에 주차하는 것은 금지되어 있다.
　　　 Es ist möglich, bis zum nächsten Bahnhof zu Fuss **zu gehen**. 다음 역까지 걸어가는 것은 가능하다.

2) 주문장의 명사를 수식하는 내용으로
　　예 Ich habe keine **Lust**, mit dir ins Kino **zu gehen**. 너와 함께 영화관에 갈 생각이 없다.
　　　 Er hat keine **Zeit**, den Brief **zu schreiben**. 그는 편지를 쓸 시간이 없다.

3) 주문장 동사의 목적어로
　　예 Ich **empfehle** dir, mehr Wasser **zu trinken**. 나는 너에게 물을 더 많이 마실 것을 추천한다.
　　　 Ich **verspreche** dir, dich jeden Tag **zu lieben**. 나는 너에게 너를 매일 사랑할 것을 약속한다.

분리동사의 zu 부정법

분리동사를 zu 부정법으로 처리하기 위해서는 분리전철과 기본동사 사이에 zu를 위치시키고 붙여 쓴다. 위의 예문에서는 abholen(데려오다)의 분리전철인 ab과 기본동사 holen 사이에 zu를 사용한다.

　　예 Ich habe die Absicht, dich jeden Tag **abzuholen**. 나는 너를 매일 데려올 생각이다.

비분리동사의 zu 부정법

비분리동사의 zu 부정법은 일반동사의 부정법처럼 비분리동사의 기본형 앞에 zu를 위치시킨다. 분리동사와는 달리 zu를 비분리전철과 기본동사 사이에 위치시키지 않는 것에 유의한다.

예) Es ist wichtig, unsere Hausaufgabe sofort **zu** **beenden**. 우리의 숙제를 즉시 끝내는 것이 중요하다.

3. 의문사가 있는 부문장

직접화법에서의 의문형 문장이 간접화법에서는 부문장이 되어 주문장과 결합되는 경우가 있다.
a. Ich weiss es nicht. 나는 그것을 모른다.
b. Wann hat er das Zimmer verlassen? 그가 언제 방을 나간거니?

위의 두 문장을 하나의 문장으로 연결시킬 때, b 문장은 간접화법으로 전환되어야 하며, 이때 동사를 후치시켜야 한다. 그렇다면 다음과 같은 문장을 만들 수 있다.
c. Ich weiss nicht, **wann** er das Zimmer verlassen hat. 그가 언제 방을 나갔는지 나는 모른다.

만일 의문사가 없는 문장을 간접화법으로 활용할 경우엔 접속사 ob(~인지 아닌지)이 사용된다.
d. Ich möchte wissen. 나는 알고 싶다.
e. Hat mein Freund gestern gearbeitet? 내 친구가 어제 일을 했나?

위의 두 문장을 한 문장으로 연결한다면 의문사 없이 사실의 유무만을 확인하면 되기 때문에 다음과 같이 ob을 사용한 부문장으로 처리해줄 수 있다.
f. Ich möchte wissen, **ob** mein Freund gestern gearbeitet hat. 나는 내 친구가 어제 일을 했는지 알고 싶다.

이와 같이 간접의문문으로 나타낼 때 의문사가 있는 경우에는 의문사를, 의문사가 없는 경우에는 ob을 사용하며 해당 부문장에서의 동사는 문장의 맨 뒤로 후치하는 것이 특징이다.

연습문제

A. 보기와 같이 다음 문장을 "Wissen Sie schon?"이라는 주문장과 결합된 부문장으로 만들어 봅시다.

> 보기
> Er ist noch im Krankenhaus.
> Wissen Sie schon, dass er noch im Krankenhaus ist?

1) Unser Chef hat in Bonn studiert.
   _____ ?

2) Mein Vater hat im Lotto gewonnen.
   _____ ?

3) Tiere können auch singen.
   _____ ?

4) Sie wird im Sommer nach Spanien reisen.
   _____ ?

B. 보기와 같이 다음 구문을 이용하여 zu 부정법 문장으로 완성해 봅시다.

> 보기
> Ich habe keine Lust. (mit dir gehen)
> → Ich habe keine Lust, mit dir zu gehen.

1) Er hat die Absicht. (nach Köln fahren)
   _____ .

2) Leider habe ich keine Zeit. (dich abholen)
   _____ .

3) Ich freue mich. (dich einladen)
   _____ .

연습문제

4) Ich verspreche dir. (mein Englisch verbessern)

_____.

5) Es ist verboten. (hier baden)

_____.

6) Es freut mich. (dich kennenlernen)

_____.

C. 보기와 같이 다음 두 문장을 부문장을 이용한 한 문장으로 완성해 봅시다.

> 보기
> Ich weiss nicht. Wann kommt Herr Gauch?
> → Ich weiss nicht, wann Herr Gauch kommt.

1) Ich möchte gern wissen. Wie lange dauert die Reise nach Portugal?

_____
_____.

2) Können Sie mir sagen? Mit wem hat der Arzt gesprochen?

_____
_____?

3) Ich wollte wissen. Hält mein Zug auch in Frankfurt?

_____
_____?

4) Meine Freundin fragte den Lehrerin. Dürfen wir mit dem Auto fahren?

_____
_____.

독일 유학, 이것만 알면 된다!

독일 대학 순위

독일 대학은 대부분 국립대이며 한국처럼 수능 성적에 따라 우수대학에 지원하는 시스템이 아닌, 대학 입학시험(Abitur)에만 합격하면 전국의 어느 대학이든 입학할 수 있는 시스템이므로 자신이 전공하려는 학과나 거주지 중심으로 대학 선택이 이루어진다. 따라서 독일 대학의 순위를 따지는 것은 사실상 무의미하다. 하지만 학과별로 전통적 강세를 보이는 대학들이 있고 교수 1인당 학생 비율이나 연구논문 실적, 시설과 같은 제반 요소를 측정한 순위는 존재한다. 영국의 대학 평가 기관인 QS에서 실시한 세계 대학 순위에서 독일 순위(2016/2017 기준) Top10을 정리하면 다음과 같다.

1. 뮌헨 공과 대학(Technical University of Munich)
2. 뮌헨 대학교(Ludwig Maximilian University of Munich)
3. 하이델베르크 대학교(University of Heidelberg)
4. 카를스루에 공과 대학(Karlsruhe Institute of Technology)
5. 베를린 훔볼트 대학교(Humboldt University of Berlin)
6. 베를린 자유 대학교(Free University of Berlin)
7. 아헨 공과 대학(RWTH Aachen University)
8. 프라이부르크 대학교(University of Freiburg)
9. 베를린 공과 대학(Technical University of Berlin)
10. 튀빙겐 대학교(University of Tubingen)

Chapter 25

접속법

독일어의 접속법은 크게 접속법 1식, 접속법 2식으로 나뉘며, 접속법 1식은 간접화법으로 사용되고, 접속법 2식은 가정, 추측, 기원, 소망 등을 나타내는 가정법으로 사용된다. 접속법 1식보다 2식의 활용 범위가 훨씬 더 크기 때문에 접속법 2식을 중심으로 학습하는 것이 좋다.

1. 접속법 2식

접속법 2식은 영어의 가정법처럼 주로 '~한다면', '~했더라면' 혹은 '~할 텐데', '~했을 텐데'와 같이 현재, 혹은 과거 사실의 반대 상황을 추측하고 가정하는 데 쓰인다.

접속법 2식의 인칭변화

기본적으로 접속법 2식의 인칭변화 형태는 다음과 같다. 동사의 현재인칭변화나 과거인칭변화와는 일정한 차이가 있으므로 주의해야 한다. 특히 독일어의 접속법 2식은 동사의 과거형으로 만든다는 사실을 주목해야 한다.

	단수(Sg.)		복수(Pl.)	
1인칭	ich	**-e**	wir	**-en**
2인칭	du	**-est**	ihr	**-et**
3인칭	er / sie / es	**-e**	sie / Sie	**-en**

이와 같은 변화형을 이용한 주요 규칙동사와 불규칙동사의 접속법 2식 인칭변화를 살펴보자.

	규칙동사			불규칙동사		
	lieben	**arbeiten**	**öffnen**	**gehen**	**sehen**	**wissen**
ich	liebte	arbeitete	öffnete	ginge	sähe	wüsste
du	liebtest	arbeitetest	öffnetest	gingest	sähest	wüsstest
er / sie / es	liebte	arbeitete	öffnete	ginge	sähe	wüsste
wir	liebten	arbeiteten	öffneten	gingen	sähen	wüssten
ihr	liebtet	arbeitetet	öffnetet	ginget	sähet	wüsstet
sie / Sie	liebten	arbeiteten	öffneten	gingen	sähen	wüssten

규칙동사의 경우 과거형은 **-te**로 끝나므로 결과적으로 접속법 2식의 인칭변화 형태와 과거의 인칭변화 형태가 같을 수밖에 없으며, 불규칙 변화 동사의 접속법 2식 형태는 과거형 어간 모음에 변모음(Umlaut)을 해주는 것이 일반적이다. 다음은 가장 많이 쓰이는 동사의 접속법 2식 형태이다.

	sein	**haben**	**werden**	**können**	**müssen**	**sollen***
ich	wäre	hätte	würde	könnte	müsste	sollte
du	wär(e)st	hättest	würdest	könntest	müsstest	solltest
er / sie / es	wäre	hätte	würde	könnte	müsste	sollte
wir	wären	hätten	würden	könnten	müssten	sollten
ihr	wär(e)t	hättet	würdet	könntet	müsstet	solltet
sie / Sie	wären	hätten	würden	könnten	müssten	sollten

*sollen 동사는 어간 모음이 변모음되지 않음에 유의한다. 즉, sollen의 접속법 2식은 söllte가 아닌 sollte이다. 과거형도 동일한 sollte이기 때문에 문맥에서 구별해야 한다.

sein, haben, werden 동사는 본동사 이외에도 조동사로 자주 쓰이므로 접속법 2식으로 활용되는 경우가 많고 화법조동사 역시 접속법 2식으로 자주 사용된다.

접속법 2식의 특징

접속법 2식의 특징을 요약하면 다음과 같다.

특징	1. 접속법 2식은 과거형으로 만든다. 2. 변모음할 수 있는 어간 모음(a, o, u)은 변모음 한다. *예외 : sollte, wollte는 변모음 안 함. 3. 때에 따라 würde+…+Infinitiv으로도 사용될 수 있다.(Ich ginge = Ich würde gehen)

접속법 2식의 용법

접속법 2식은 비현실 화법으로서 가정, 추측, 소망, 비현실적 비교를 나타낼 때 주로 사용되며 때로는 정중한 질문이나 요구, 제안이나 의사 표명에도 사용된다. 접속법 2식의 다양한 쓰임에 대해 알아보자.

1) 가정

예) Wenn ich Geld **hätte**, **würde** ich ein Haus kaufen. 내가 돈이 있다면 집 한 채를 살 텐데.

'현재 돈이 없기 때문에 집을 사지 못하고 있음'을 뜻하므로 접속법 2식을 사용한 이 문장은 현재 사실의 반대 상황을 나타내는 가정문이 된다.

2) 추측/소망

예) Herr Schmidt **wäre** wieder gesund. 슈미트 씨는 다시 건강할 것이다.
   Wenn Herr Schmidt wieder gesund **wäre**! 슈미트 씨가 다시 건강하다면 (좋을 텐데)!
   Wäre Herr Schmidt wieder gesund! 슈미트 씨가 다시 건강하다면 (좋을 텐데)!

위의 문장은 '슈미트 씨가 현재 건강하지 않은 상태에 있어 그가 건강을 회복하기를 소망'하는 의미로 사용되었다. 이 경우 가정, 조건을 나타내는 접속사 wenn을 사용하거나, 혹은 wenn을 생략하고 동사의 위치를 문장 제일 앞에 두어 소망을 표현할 수도 있다.

3) 비교

예) Er spricht sehr gut Deutsch, **als ob** er Deutscher **wäre**.
   그는 마치 자기가 독일 사람인 것처럼 독일어를 아주 잘한다.

als ob은 '마치 ~인 것처럼'이라는 뜻의 접속사로서, als ob가 이끄는 부문장은 비현실 상황을 비유하는데 쓰이므로 보통 접속법 2식으로 표현된다.

4) 정중한 요청이나 질문

예) **Könnten** Sie die Arbeit bis heute Abend beenden? 그 일을 오늘 저녁까지 끝내주실 수 있을까요?
   Herr Müller, **hätten** Sie einen Moment Zeit? 뮐러 씨, 잠깐 시간 좀 내주실 수 있겠어요?
   Würden Sie sich ans Fenster setzen? 창가로 앉으시겠습니까?

상대방에 대해 최대한 예의를 갖추며 질문하거나 요청을 할 때 접속법 2식을 사용하기도 한다. 직설법으로 표현하는 것보다 더 정중한 표현이다.

5) 가능성의 표현

예) Leon **könnte** um 12 Uhr zu mir kommen. 레옹은 12시에 내게로 올 수도 있을 것이다.
   Sie **dürfte** 16 Jahre alt sein. 그녀는 16살일 것이다.

추측이나 가능성을 표현하는 데 könnte나 dürfte 등 화법조동사의 접속법 2식 형태가 종종 사용된다.

접속법의 시제

접속법 현재는 형태적으로 과거형을 사용한다. 그러나 '현재 사실의 반대'를 뜻할 경우에는 **과거형**으로 만든 접속법 형태를 사용하지만 '과거 사실의 반대'를 뜻할 경우에는 **완료형**을 사용한다는 데 유의하여야 한다. 예를 들어 보자.

a. Wenn ich reich **wäre**, **hätte** ich ein neues Haus. 내가 부자라면 새 집을 갖고 있을 텐데.
b. Wenn ich ein Vogel **wäre**, **würde** ich zu dir fliegen. 내가 새라면 네게로 날아갈 텐데.

위 두 문장 모두 현재의 사실과는 반대의 상황을 묘사한 것이다. 즉, '현재 부자가 아니기 때문에 새 집을 갖고 있지 않은', 그리고 '현재 새가 아니기 때문에 네게로 날아가지 못하는' 상황이 현실인 것이다. 그러나 과거의 사실과 반대로 표현을 할 수도 있다. 즉, '~라면 ~할 텐데'가 아니라 과거에 '~였다면 ~했을 텐데'로 표현할 경우도 있는 것이다. 이때는 접속법 2식을 과거형이 아닌 과거완료형을 사용하여 나타내게 된다.

c. Wenn ich reich **gewesen wäre**, **hätte** ich ein neues Haus **gekauft**. 내가 부자였다면 새 집을 샀을 텐데.
d. Wenn ich noch **gelernt hätte**, **hätte** ich die Prüfung **bestanden**. 내가 더 공부했다면 시험에 합격했을 텐데.

c 문장은 '(과거에) 내가 부자가 아니었기 때문에 (당시에) 집을 사지 못했다.'를 뜻하는 것이며, d 문장 역시 '(과거에) 공부를 안 했기 때문에 시험에 불합격했다'는 과거 사실을 나타낸 것이다. 접속법 2식을 사용하여 그 과거 사실을 반대로 추측하고 가정을 하는 것이 접속법 과거다. 이를 정리하면 다음과 같다.

예문	뜻	형태	실제시제
Ich wäre reich.	나는 부자일 것이다.	과거	현재
Ich wäre reich gewesen.	나는 부자였을 것이다.	과거완료	과거

2. 접속법 1식

접속법 1식은 접속법 2식보다 쓰임이 적고, 간접화법에 주로 사용된다. 제3자가 간접적으로 전하는 상황일 때 이용되는 용법이며 주로 문어체에 사용된다.

접속법 1식의 인칭변화

접속법 2식과 어미변화 형태는 같지만 과거형을 이용한 접속법 2식과는 달리 접속법 1식은 동사원형의 어간을 이용한다.

	단수(Sg.)		복수(Pl.)	
1인칭	ich	**-e**	wir	**-en**
2인칭	du	**-est**	ihr	**-et**
3인칭	er / sie / es	**-e**	sie / Sie	**-en**

이와 같은 변화형을 이용한 주요 동사의 접속법 1식 인칭변화를 살펴보자.

	sein	**haben**	**werden**	**nehmen**	**geben**	**müssen**
ich	**sei**	habe	werde	nehme	gebe	müsse
du	seiest	habest	werdest	nehmest	gebest	müssest
er / sie / es	**sei**	habe	werde	nehme	gebe	müsse
wir	seien	haben	werden	nehmen	geben	müssen
ihr	seiet	habet	werdet	nehmet	gebet	müsset
sie / Sie	seien	haben	werden	nehmen	geben	müssten

접속법 1식은 접속법 2식과 마찬가지로 1인칭과 3인칭의 형태가 같다. 동사원형의 어간을 기본으로 한 어미변화를 하며 sein 동사는 특수변화를 한다.

접속법 1식의 용법

1) 간접화법

직접화법을 간접화법으로 바꿀 때 직접화법 내에서의 현재형은 접속법 1식의 동사로 바꾸어 줄 수 있다.

직접화법	Er sagte : "Ich **bin** krank." 그는 말했다 : "나는 아프다."
간접화법	Er sagte, dass er krank **sei**. 혹은 Er sagte, er **sei** krank. 그는 자기가 아프다고 말했다.

직접화법에서의 1인칭은 간접화법에서는 주절의 주어와 인칭을 일치시켜주어야 한다. 그리고 직접화법에서의 직설법 동사는 간접화법에서 접속법 1식 동사를 사용한다. 종속접속사 dass가 생략될 경우 배어법은 정치(주어+동사+…)이다.

다음은 직접화법 내에서의 동사가 과거로 쓰였을 때이다.

직접화법	Er sagte : "Meine Oma war reich." 그는 말했다 : "나의 할머니는 부자다."

간접화법	Er sagte, dass seine Oma reich gewesen **sei**. 그는 자기 할머니가 부자라고 말했다. Er sagte, seine Oma **sei** reich gewesen. 그는 자기 할머니가 부자라고 말했다.

직접화법 내에서의 동사가 과거일 경우에는 간접화법에서 완료형으로 전환하고 완료조동사를 접속법 1식으로 사용한다. 소유대명사 1인칭도 주절의 주어와 일치시켜 준다.

2) 간접의문문

의문사가 있는 간접의문문과 의문사가 없는 간접의문문으로 나누어 접속법 1식을 표현할 수 있다.

직접화법	Er fragte mich : "Wann kommst du?" 그는 내게 물었다 : "너 언제 오니?"
간접화법	Er fragte mich, wann ich **komme**. 그는 내가 언제 오냐고 내게 물었다.

직접화법	Er möchte wissen : "Bist du krank?" 그는 알고 싶어 한다 : "너 아프니?"
간접화법	Er möchte wissen, **ob** ich krank **sei**. 그는 내가 아픈지 알고 싶어 한다.

간접의문문에서 의문사가 있는 경우에는 의문사를 그대로 사용하되 종속절의 동사를 후치시키고, 의문사가 없는 경우에는 접속사 ob(~인지 아닌지)을 이용한다.

접속법 1식의 시제

접속법 1식의 시제는 다음과 같이 요약될 수 있다.

구분	직접화법(직설법)	간접화법(접속법 1식)
현재	Er sagte : "Ich bin krank."	Er sagte, er sei krank.
과거	Er sagte : "Ich war krank."	Er sagte, er sei krank gewesen.
현재완료	Er sagte : "Ich bin krank gewesen."	
과거완료	Er sagte : "Ich war krank gewesen."	
미래	Er sagte : "Ich werde krank sein."	Er sagte, er werde krank sein.
미래완료	Er sagte : "Ich werde krank gewesen sein."	Er sagte, er werde krank gewesen sein.

직접화법의 현재, 미래, 미래완료는 간접화법에서도 현재, 미래, 미래완료이지만 직접화법의 과거, 현재완료, 과거완료는 간접화법에서 현재완료 형태로 통일된다.

연습문제

A. 보기와 같이 접속법 2식의 동사를 이용하여 조건문으로 완성해 봅시다..

> 보기　Ich habe keine Zeit — Wenn ich Zeit <u>hätte</u>!

1) Sie haben keine Lust — Wenn Sie Lust _____!
2) Du bist nicht reich. — Wenn du reich _____!
3) Er kann nicht schnell laufen. — Wenn er noch schneller laufen _____!
4) Wir haben kein Haus. — Wenn wir ein Traumhaus _____!
5) Ich habe kein Glück. — Wenn ich im Lotto gewinnen _____ (werden)!
6) Ihr habt keinen Job. — Wenn ihr jeden Tag arbeiten _____ (können)!

B. 보기와 같이 다음 주어진 문장을 접속법 2식을 이용한 문장으로 완성해 봅시다.

> 보기　Wenn ich ein grosses Esszimmer (haben), dann (können) ich die Freunde jeden Tag einladen.
> → <u>Wenn ich ein grosses Esszimmer hätte, dann könnte ich die Freunde jeden Tag einladen.</u>

1) Wenn das Wetter besser (sein), dann (können) die Kinder draußen spielen.

　_____
　_____.

2) Wenn ich im Lotto gewinnen (werden), dann (sein) ich reich.

　_____.

3) Wenn er nicht besser Englisch sprechen (können), dann (bekommen) er die Stelle nicht.

　_____
　_____.

연습문제

4) Wenn Schüler (Pl.) ihre Hausaufgaben besser (machen), dann (können) sie bessere Noten bekommen.

   _____
   _____.

5) Wenn du gestern zu Hause geblieben (sein), dann (haben) du dein Zimmer aufgeräumt.

   _____
   _____.

6) Wenn Sie mit mir ans Meer gefahren (sein), dann (haben) Sie sich gut erholen können.

   _____
   _____.

C. 다음 문장을 보기와 같이 접속사 als ob을 이용한 접속법 2식 문장으로 완성해 봅시다.

> 보기
> Peter hat uns gesehen.
> → Peter tut so, <u>als ob er uns nicht gesehen hätte</u>.

1) Mark kann nicht perfekt Deutsch sprechen.

   → Mark benimmt sich, _____.

2) Georg hat die ganze Nacht geschlafen.

   → Georg sieht aus, _____.

3) Frau Henkel ist nicht meine Mutter.

   → Frau Henkel kümmert sich um mich, _____.

4) Herr Braun hat nicht viel Geld verdient.

   → Herr Braun spricht mir so, _____.

연습문제

D. 보기와 같이 직접화법 문장을 간접화법으로 바꿔 봅시다.

> **보기** Er sagte: "Mein Fahrrad ist kaputt." → Er sagte, sein Fahrrad sei kaputt.

1) Er sagte: "Mein Opa ist gestorben."
   _____.

2) Er fragte mich: "Warum bist du gestern direkt nach Hause gekommen?"
   _____
   _____.

3) Mein Bruder fragte sie: "Hast du schon im Hotel von München übernachtet?"
   _____
   _____.

4) Die Dame sagte zu einem Herrn: "Können Sie mir helfen?"
   _____
   _____.

독일 유학, 이것만 알면 된다!

독일에서 인종차별이 존재할까?

한국인이 유학생, 주재원 등 외국인으로서 독일에서 생활하게 되면 혹시 있을지 모를 인종차별에 대해 궁금해할 수도 있다. 독일에서 신나치주의자들이나 극우주의자들의 외국인 혐오 기사가 종종 등장하기 때문이다. 결론만 말하자면 독일은 외국인에 대해 눈에 띄는 차별을 가하는 나라는 아니다. 외국인이 독일에서 살면서 개인마다 느끼는 불편함은 있겠으나 독일은 외국인에 대한 차별이 법적으로 금지되어 있는 나라다.

물론 독일에서 유럽연합 회원국 국민은 비회원국 국민들보다 비자 등의 문제에서 더 편리한 대우를 받는다. 이는 나라마다 국가 상호 간 이해관계에 의해 최혜국대우가 존재하므로 차별이라고 보기는 어렵다. 또한 어느 나라나 외국인을 자국민들과 정책상 동등하게 대하는 나라는 없기 때문에 이에 따른 차별적 대우를 인종차별의 범주에 넣는 것도 옳지 않다.

독일에서는 결혼, 주거, 교육 등에 따른 인종차별이 공식적으로 존재하지는 않지만, 가끔씩 한국인들이 독일에서 생활하면서 독일인들로부터 느꼈던 차별적 감정은 개인마다 존재할 수가 있다. 우리나라 사람들도 외국인들에게 적대적인 사람들이 존재하듯이 독일인들도 외국인들에게 적대적인 사람들이 존재한다. 하지만 이는 보편적인 현상이 아니므로 걱정할 수준은 아니다. 어느 나라에서나 외국인으로서 다소 불편한 점은 감내할 준비를 해야 하며, 그 나라의 문화를 이해하며 법을 잘 지키고 남부끄러운 일을 하지 않는다면 독일에서는 적어도 외국인으로서 차별받을 일은 없다.

<참고사이트> 주한독일고등교육진흥원 http://daad.or.kr
　　　　　　 우니-아시스트 www.uni-assist.de
　　　　　　 주독한국교육원 www.keid.de
　　　　　　 주독한국대사관 http://deu.mofa.go.kr

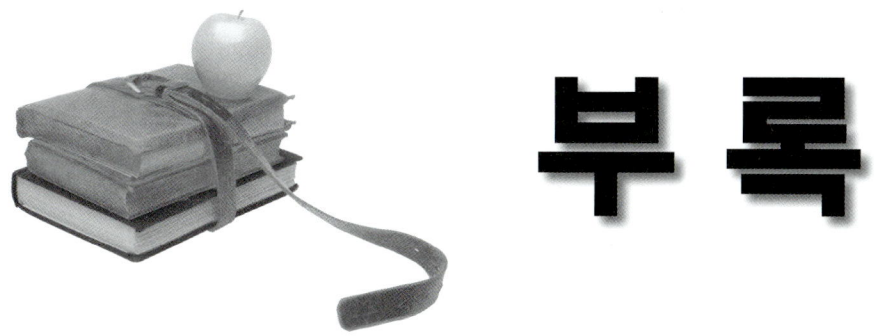

부 록

1. 독일어 불규칙동사 변화표
2. 기본 단어
3. 생활 독일어 회화

연습문제 해답

1. 독일어 불규칙동사 변화표

※표시가 있는 동사는 중요도가 있으므로 확실하게 알아두어야 한다.

부정형	현재	과거	과거분사
backen 빵을 굽다	du bäckst er bäckt	backte	gebacken
befehlen 명령하다	du befiehlst er befiehlt	befahl	befohlen
※beginnen 시작하다		begann	begonnen
bergen 숨기다	du birgst er birgt	barg	geborgen
beißen 깨물다		biss	gebissen
bewegen 시키다		bewog	bewogen
biegen 굽히다		bog	ist / hat gebogen
※bieten 제공하다		bot	geboten
binden 매다		band	gebunden
※bitten 부탁하다		bat	gebeten
blasen 불다	du bläst er bläst	blies	geblasen
※bleiben 머무르다		blieb	ist geblieben
braten 고기를 굽다	du brätst er brät	briet	gebraten
※brechen 깨다, 깨지다	du brichst er bricht	brach	ist / hat gebrochen
brennen 불타오르다		brannte	gebrannt
※bringen 가져오다		brachte	gebracht
※denken 생각하다		dachte	gedacht

dringen 밀고 나가다		drang	ist / hat gedrungen
*dürfen ~해도 된다	ich darf du darfst er darf	durfte	gedurft
*empfangen 받다	du empfängst er empfägt	empfing	empfangen
*empfehlen 추천하다	du empfiehlst er empfiehlt	empfahl	empfohlen
erschrecken 놀라다	du erschrickst er erschrickt	erschrak	erschrocken
*essen 먹다	du isst er isst	aß	gegessen
*fahren 타고 가다	du fährst er fährt	fuhr	ist / hat gefahren
*fallen 떨어지다	du fällst er fällt	fiel	ist gefallen
*fangen 잡다	du fängst er fängt	fing	gefangen
*finden 찾다		fand	gefunden
*fliegen 날다		flog	ist / hat geflogen
fliehen 도망치다		floh	ist / hat geflohen
fließen 흐르다		floss	ist geflossen
fressen 동물이 먹다	du frisst er frisst	fraß	gefressen
*frieren 얼다		fror	gefroren
gebären 낳다		gebar	geboren
*geben 주다	du gibst er gibt	gab	gegeben

*gehen 가다		ging	ist gegangen
*gelingen 성공하다		gelang	ist gelungen
gelten 유효하다	du giltst er gilt	galt	gegolten
genesen 치유되다		genas	ist genesen
genießen 즐기다		genoss	genossen
*geschehen 발생하다	es geschieht	geschah	ist geschehen
*gewinnen 이기다		gewann	gewonnen
gießen 붓다		goss	gegossen
gleichen 닮다		glich	geglichen
gleiten 미끄러지다		glitt	ist geglitten
graben 파다	du gräbst er gräbt	grub	gegraben
greifen 잡다, 쥐다		griff	gegriffen
*haben 가지다	du hast er hat	hatte	gehabt
*halten 멈추다	du hältst er hält	hielt	gehalten
*hängen 걸려 있다		hing	gehangen
heben 들어올리다		hob	gehoben
*heißen ~라고 부르다		hieß	geheißen

*helfen 돕다	du hilfst er hilft	half	geholfen
*kennen 알다		kannte	gekannt
klingen 종이 울리다		klang	geklungen
*kommen 오다		kam	ist gekommen
*können 할 수 있다	ich kann du kannst er kann	konnte	gekonnt
*laden 싣다	du lädst er lädt	lud	geladen
*lassen ~하게 하다	du lässt er lässt	ließ	gelassen
*laufen 달리다	du läufst er läuft	lief	ist / hat gelaufen
*leiden 참다		litt	geliten
leihen 빌려주다		lieh	geliehen
*lesen 읽다	du liest er liest	las	gelesen
*liegen 놓여 있다, 누워 있다		lag	ist / hat gelegen (*)
*lügen 거짓말을 하다		log	gelogen
meiden 피하다		mied	gemieden
messen 재다		mass	gemessen
*mögen 원하다	ich mag du magst er mag	mochte	gemocht

*müssen ~해야 하다	ich muss du musst er muss	musste	gemusst
*nehmen 받다, 잡다	du nimmst er nimmt	nahm	genommen
*nennen ~라고 부르다		nannte	genannt
pflegen 돌보다		pflog	gepflogen
preisen 칭찬하다		pries	gepriesen
*raten 충고하다	du rätst er rät	riet	geraten
reiben 문지르다		rieb	gerieben
reißen 찢다		riss	ist / hat gerissen
rennen 경주하다		rannte	gerannt
riechen 냄새가 나다, 맡다		roch	gerochen
rinnen 흐르다		rann	ist geronnen
*rufen 부르다		rief	gerufen
schaffen 창조하다		schuf	geschaffen
*scheiden 분리하다		schied	ist / hat geschieden
*scheinen 빛나다		schin	geschienen
schelten 꾸짖다	du schiltst er schilt	schalt	gescholten
scheren 자르다		schor	geschoren
schieben 밀다		schob	geschoben
*schiessen 쏘다		schoss	geschossen

*schlafen 잠을 자다	du schläfst er schläft	schlief	geschlafen
*schlagen 때리다	du schlägst er schlägt	schlug	geschlagen
schleichen 기어가다		schlich	geschlichen
*schliessen 닫다		schloss	geschlossen
schmeißen 내동댕이치다		schmiss	geschmissen
schmelzen 녹다		schmolz	geschmolzen
*schneiden 자르다		schnitt	geschnitten
*schreiben 쓰다		schrieb	geschrieben
*schreien 소리치다		schrie	geschrien
schreiten 걷다		schritt	ist geschritten
*schweigen 침묵하다		schwieg	geschwiegen
*schwimmen 수영하다		schwamm	ist / hat geschwommen
schwinden 사라지다		schwand	ist geschwunden
sehen 보다	du siehst er sieht	sah	gesehen
*sein ~이다, 있다	ich bin du bist er ist wir sind ihr seid sie sind	war	ist gewesen
senden 보내다		sandte	gesandt
*singen 노래하다		sang	gesungen
*sinken 가라앉다		sank	gesunken

*sitzen 앉다	du sitzt er sitzt	saß	gesessen
*sollen ~해야 하다	ich soll du sollst er soll	sollte	gesollt
*sprechen 말하다	du sprichst er spricht	sprach	gesprochen
*springen 뛰어내리다		sprang	ist gesprungen
*stechen 찌르다	du stichst er sticht	stach	gestochen
*stehen 서 있다		stand	gestanden
*stehlen 훔치다	du stiehlst er stiehlt	stahl	gestohlen
*steigen 오르다		stieg	gestiegen
*sterben 죽다	du stirbst er stirbt	starb	ist gestorben
stoßen 마주치다, 부딪치다	du stößt er stößt	stieß	ist / hat gestoßen
streichen 쓰다듬다		strich	gestrichen
*streiten 싸우다		stritt	gestritten
*tragen 나르다	du trägst er trägt	trug	getragen
*treffen 만나다	du triffst er trifft	traf	getroffen
treiben 몰다		trieb	getrieben
*treten 들어가다, 밟다	du trittst er tritt	trat	ist / hat getreten
*trinken 마시다		trank	getrunken
trügen 속이다		trog	getrogen

*tun 하다		tat	getan
*vergessen 잊다	du vergisst er vergisst	vergaß	vergessen
*verlieren 잃다		verlor	verloren
*wachsen 자라다	du wächst er wächst	wuchs	ist gewachsen
waschen 씻다, 빨다	du wäschst er wäscht	wusch	gewaschen
weichen 물러나다		wich	ist gewichen
weisen 가리키다		wies	gewiesen
wenden 방향을 바꾸다		wandte	gewandt
*werben 구하다	du wirbst er wirbt	warb	geworben
*werden 되다	du wirst er wird	wurde	geworden
*werfen 던지다	du wirfst er wirft	warf	geworfen
*wissen 알다, 알고 있다	ich weiß du weißt er weiß	wusste	gewusst
*wollen ～할 것이다, ～하기를 원하다	ich will du willst er will	wollte	gewollt
*ziehen 당기다, 끌다		zog	ist / hat gezogen
zwingen 강요하다		zwang	gezwungen

2. 기본 단어

사람, 가족

der Mann 남자, 남편	die Frau 여자, 부인	der Herr ~씨, 신사	die Dame 숙녀
der Junge 소년	das Mädchen 소녀	der Erwachsene 어른, 성인	die Erwachsenen 성인들(복수)
der Vater 아버지	die Mutter 어머니	die Eltern 부모님	der Großvater 할아버지
die Großmutter 할머니	die Großeltern 조부모님	der Sohn 아들	die Tochter 딸
das Kind 아이	der Bruder 형제	die Schwester 자매	die Geschwister 형제 자매
der Enkel 손자	die Enkelin 손녀	der Onkel 삼촌	die Tante 숙모
der Vetter 사촌(남)	die Kusine 사촌(여)	der Neffe 조카(남)	die Nichte 조카(여)
der Schwager 처남, 시동생	die Schwägerin 처제, 시누이	die Verwandten 친척	die Bekannten 지인
der Name 이름(성)	der Vorname 이름	der Familienname 성	der Nachname 성

직업

der Apotheker 약사	die Apothekerin 약사(여)	der Arbeiter 노동자	die Arbeiterin 노동자(여)
der Arzt 의사	die Ärztin 여의사	der Angestellte 회사원	die Angestellte 여사원
der Bäcker 제빵사	die Bäckerin 제빵사(여)	der Bauer 농부	die Bäuerin 농부(여)
der Beamte 공무원	die Beamtin 공무원(여)	der Chef 사장, 상사	die Chefin 여사장, 여상사
der Dozent 강사	die Dozentin 강사(여)	der Fahrer 운전사	die Fahrerin 운전사(여)
der Ingenieur 기술자	die Ingenieurin 기술자(여)	der Journalist 기자	die Journalistin 여기자

der Kaufmann 상인	die Kauffrau 상인(여)	der Kellner 웨이터	die Kellnerin 웨이터(여)
der Künstler 예술가	die Künstlerin 예술가(여)	der Lehrer 교사	die Lehrerin 여교사
der Lehrling 제자	der Leiter 지도자	die Leiterin 지도자(여)	der Maler 화가
die Malerin 여류 화가	der Meister 대가, 장인	der Musiker 음악가	der Minister 장관
die Ministerin 여성 장관	der Politiker 정치인	die Politikerin 여성 정치인	der Polizist 경찰
die Polizistin 여경	der Professor 교수	die Professorin 여교수	der Schaffner 차장
die Schaffnerin 차장(여)	der Sekretär 비서	die Sekretärin 여비서	der Verkäufer 판매원
die Verkäuferin 여성 판매원	der Wirt 주인	die Wirtin 여주인	der Wissenschaftler 학자
die Wissenschaftlerin 여성학자			

신체			
der Kopf 머리	das Haar 머리카락	das Gesicht 얼굴	das Auge 눈
die Nase 코	der Mund 입	die Zunge 혀	das Ohr 귀
die Stirn 이마	die Backe 뺨	der Bart 수염	der Zahn 이, 치아
der Hals 목	die Schulter 어깨	der Arm 팔	die Hand 손
der Finger 손가락	der Rücken 등	der Bauch 배	das Herz 심장
die Brust 가슴	der Magen 위	der Darm 장	das Bein 다리
der Fuß 발	der Zeh 발가락	das Blut 피	der Kreislauf 신진대사
die Brille 안경			

질병			
der Kranke 환자	die Kranke 환자(여)	der Patient 환자	die Patientin 환자(여)
der Husten 기침	die Kopfschmerzen 두통	die Magenschmerzen 위통	das Magengeschwür 위궤양
die Erkältung 감기	die Grippe 독감	das Fieber 열	die Entzündung 염증
die Infektion 감염	das Medikament 약품	die Tablette 알약	die Tropfen 물약
die Medizin 의학	die Spritze 주사	die Injektion 주사	die Impfung 예방접종
der Arzt 의사	das Wartezimmer 대기실	die Praxis 개인병원	der Krankenschein 진단서
das Krankenhaus 병원	die Behandlung 치료, 진찰		

집, 주택			
das Gebäude 건물	das Haus 집(가옥)	die Wohnung 집(가구)	die Mietswohnung 세입 가구
das Appartement 아파트	das Dach 지붕	der Schornstein 굴뚝	der Garten 정원
der Rasen 잔디	das Tor 대문, 성문	die Tür 문	der Flur 현관
der Korridor 복도	das Zimmer 방	der Raum 방, 공간	die Garderobe 의상실, 옷장
das Wohnzimmer 거실	das Schlafzimmer 침실	das Eßzimmer 식당	das Fenster 창문
die Wand 벽	die Decke 천장	der Fußboden 마루, 바닥	der Keller 지하실
der Boden 지면, 바닥	der Dachboden 다락방	die Treppe 계단	das Erdgeschoss 1층
das Licht 빛, 조명	der Schlüssel 열쇠	die Heizung 난방	die Klingel 초인종
die Schelle 초인종			

욕실

das Badezimmer 욕실	das Handtuch 수건	die Seife 비누	der Kamm 빗
die Zahnbürste 칫솔	die Zahnpasta 치약	der Rasierapparat 면도기	der Spiegel 거울
das Waschbecken 세면대	der Wasserhahn 수도꼭지	die Dusche 샤워	die Badewanne 욕조
die Toilette 화장실	das WC 화장실		

부엌

der Kühlschrank 냉장고	das Messer 칼	die Gabel 포크	der Löffel 숟가락
die Tasse 잔	der Teller 접시	die Untertasse 받침잔	das Glas 컵
die Schüssel 사발, 그릇	die Kaffeekanne 커피포트	die Teekanne 티포트	der Topf 냄비
die Bratpfanne 프라이팬	der Eimer 양동이	die Flasche 병	der Wasserhahn 수도꼭지
die Waschmaschine 세탁기	die Wäsche 세탁물	das Spülbecken 싱크대	die Spülmaschine 설거지 기계
die Kaffeemaschine 커피 머신	der Gefrierschrank 냉동고	die Gefriertruhe 아이스박스	die Kühltruhe 냉동칸
der Ofen 오븐	der Backofen 오븐	der Herd 레인지	der Elektroherd 전기레인지
der Gasherd 가스레인지			

가구

der Tisch 책상, 식탁	der Stuhl 의자	der Schrank 옷장	das Regal 책장, 선반
die Lampe 램프, 등	das Bett 침대	der Sessel 의자	das Sofa 소파

die Couch 카우치	das Kissen 방석	die Decke 이불, 담요	der Teppich 양탄자, 융단
der Teppichboden 양탄자 바닥	die Uhr 시계	der Staubsauger 청소기	

도구, 공구

der Nagel 못	der Hammer 망치	die Mutter 암나사	die Schraube 수나사
der Schraubenzieher 드라이버	die Zange 집게, 펜치	die Säge 톱	die Feile 줄
der Bohrer 드릴	die Bohrmaschine 드릴기구	die Schere 가위	die Nadel 바늘
das Garn 실	der Knopf 단추	die Nähmaschine 재봉틀	

옷, 의류

die Kleidung 옷, 의복	der Anzug 정장, 양복	das Kleid 옷, 여성복	die Jacke 자켓, 점퍼
die Hose 바지	der Rock 치마	das Hemd 셔츠, 내의	die Bluse 블라우스
der Pullover 스웨터	der Mantel 외투	der Regenmantel 비옷	der Schlafanzug 잠옷
der Pyjama 파자마	das Nachthemd 잠옷	der Hut 중절모	die Mütze 모자
das Kopftuch 두건	das Taschentuch 손수건	die Pantoffeln 슬리퍼, 덧신	die Schuhe 구두
die Sandalen 샌들	die Strümpfe 양말, 스타킹	die Söckchen 작은 양말	

음식

das Frühstück 아침식사	das Mittagessen 점심식사	das Kaffeetrinken 커피 마시기	das Abendessen 저녁식사

das Abendbrot 저녁식사	das Brot 빵	das Brötchen 작은 빵	die Butter 버터
der Käse 치즈	die Milch 우유	die Sahne 크림	die Marmelade 잼
der Honig 꿀	der Zucker 설탕	das Salz 소금	der Essig 식초
das Öl 기름	der Pfeffer 후추	der Senf 겨자	das Mehl 밀가루
der Reis 쌀	das Ei 계란	die Suppe 수프, 국	die Wurst 소시지
das Fleisch 고기	das Rindfleisch 소고기	das Schweinefleisch 돼지고기	der Fisch 생선
der Kuchen 과자, 케이크	der Nachtisch 디저트	die Kartoffeln 감자	

채소			
die Bohnen 콩	die Erbsen 완두	die Gurken 오이	die Zwiebeln 양파
der Salat 샐러드	der Spinat 시금치	der Kohl 배추	die Tomate 토마토

과일			
der Apfel 사과	der Birne 배	die Kirsche 체리	die Weintraube 포도
die Pflaume 자두	die Aprikose 살구	die Banane 바나나	die Zitrone 레몬
die Mandarine 귤	die Apfelsine 오렌지	der Pfirsich 복숭아	die Erdbeere 딸기
die Beere 딸기류	die Nuss 견과류		

음료, 흡연

der Kaffe 커피	der Tee 차	der Kakao 카카오	das Mineralwasser 물
der Furchtsaft 과일주스	die Limonade 레몬수	der Sprudel 탄산수	das Bier 맥주
der Wein 포도주	der Tabak 담배	die Zigarre 여송연	die Zigarette 담배
die Pfeife 파이프			

동물, 식물

der Hund 개	die Katze 고양이	die Kuh 소	der Ochse 숫소, 황소
das Pferd 말	der Esel 당나귀	das Schaf 양	der Hase 토끼
das Kaninchen 집토끼	das Reh 노루	der Hirsch 사슴	der Fuchs 여우
der Schmetterling 나비	der Vogel 새	die Ente 오리	die Gans 거위
das Huhn 수탉	der Hahn 암탉	der Wellensittich 잉꼬새	der Kanarienvogel 카나리안새
der Baum 나무	der Busch 덤불, 숲	die Blume 꽃	das Gras 잔디
das Unkraut 잡초			

자연

der Wald 숲	das Feuer 불	das Wasser 물	die Luft 공기
das Land 땅, 육지	der Himmel 하늘	die Erde 흙, 지구	die Sonne 태양
der Mond 달	der Stern 별	die Wolke 구름	der Hügel 언덕

der Berg 산	das Gebirge 산맥	das Tal 골짜기	der Bach 시냇물
der Fluss 강	der Strom 강, 대하	der Teich 연못	der See 호수
das Meer 바다	der Ozean 대양	die See 바다	die Ebene 평야
die Landschaft 경치	die Wiese 초원	die Weide 목장	die Heide 황무지
das Feld 들, 평야			

자연현상

der Regen 비	der Schnee 눈	der Wind 바람	der Sturm 폭풍
der Hagel 우박	der Frost 서리	der Blitz 번개	der Donner 천둥
das Gewitter 뇌우	die Ebbe 썰물	die Flut 밀물	das Hochwasser 홍수
das Erdbeben 지진			

방위

der Osten 동	östlich 동쪽의	der Westen 서	westlich 서쪽의
der Süden 남	südlich 남쪽의	der Norden 북	nördlich 북쪽의

계절

der Frühling 봄	der Sommer 여름	der Herbst 가을	der Winter 겨울

월			
Januar 1월	Februar 2월	März 3월	April 4월
Mai 5월	Juni 6월	Juli 7월	August 8월
September 9월	Oktober 10월	November 11월	Dezember 12월

요일, 때			
der Montag 월요일	der Dienstag 화요일	der Mittwoch 수요일	der Donnerstag 목요일
der Freitag 금요일	der Samstag 토요일	der Sonnabend 토요일	der Sonntag 일요일
der Tag 낮, 날	der Morgen 아침	der Vormittag 오전	der Mittag 정오
der Nachmittag 오후	der Abend 저녁	die Nacht 밤	die Mitternacht 자정
heute 오늘	morgen 내일	übermorgen 모레	gestern 어제
vorgestern 그제			

시간			
die Sekunde 초	die Minute 분	die Stunde 시간	der Tag 하루, 날
die Woche 주	der Monat 월, 달	das Jahr 년	das Jahrzent 10년
das Jahrhundert 100년, 세기			

거주지

der Ort 장소	der Wohnort 거주지	die Stadt 도시	die Stadtmitte 시내
das Stadtzentrum 도심	das Rathaus 시청	die Kirche 교회	der Dom 돔, 성당
der Markt 시장	der Marktplatz 시장	die Mauer 성벽, 담벼락	der Park 공원
der Kiosk 매점	das Dorf 마을		

교통

die Strasse 거리	die Landstrasse 국도	die Einbahnstrasse 일방통행	die Autobahn 고속도로
die Kreuzung 교차로	der Parkplatz 주차장	der Fussgänger 보행자	der Bürgersteig 보도, 인도
der Zebrastreifen 횡단보도	das Auto 자동차	der Wagen 자동차	der Fahrer 운전사
der Bus 버스	die Bushaltestelle 버스정류장	die Strassenbahn 전동차	die U-Bahn 지하철
der Lastwagen 트럭, 화물차	das Motorrad 오토바이	das Moped 소형 오토바이	das Mofa 자전차
das Fahrrad 자전거	der Zug 기차	die Eisenbahn 철로	der Bahnhof 역
der Bahnsteig 플랫폼	das Gleis 선로	der Fahrplan 운행 시간표	das Flugzeug 비행기
der Flughafen 공항	das Schiff 배	der Hafen 부두	die Fähre 나룻배
das Boot 보트	die Fahrt 운항, 운행	die Fahrkarte 차표	der Fahrschein 차표
der PKW 승용차	der LKW 화물차	die S-Bahn 고속 열차	die Linie 선, 노선
die Ankunftszeit 도착시간	die Abfahrtszeit 출발시간	das Verkehrsschild 교통 표지판	die Verkehrsampel 교통 신호등
die Fußgängerzone 보행자 구역			

매체, 소통			
die Zeitung 신문	die Zeitschrift 잡지	der Rundfunk 방송, 라디오	das Radio 라디오
der Sender 방송국	die Sendung 방송	die Übertragung 중계	der Empfänger 수신기, 수신인
der Empfang 수신	das Fernsehen TV	der Fernseher TV수신기	der Fernsehmpfänger TV수신기
der Fernsehapparat 텔레비전	der Kabelanschluss 접속, 연결	der Bildschirm 화면, 스크린	das Telefon 전화
der Anruf 전화	das Telefonnetz 전화망	das Telegram 전보	der Computer 컴퓨터
der PC 개인 컴퓨터	der Monitor 모니터	der Cassettenrekorder 녹음기	der Plattenspieler 전축
die Stereo-Anlage 전축, 오디오	der Lautsprecher 스피커	die Box 스피커	die Schallplatte 레코드판
die Antenne 안테나			

우편			
die Post 우체국, 우편	der Brief 편지	die Briefmarke 우표	die Postkarte 엽서
die Luftpost 항공우편	das Paket 소포	das Päckchen 작은 짐	das Einschreiben 등기
der Briefträger 집배원	das Postamt 우체국		

여행			
das Reisebüro 여행사	der Reiseplan 여행 안내서	der Urlaub 휴가	das Ausland 외국
der Personalausweis 신분증	der Pass 여권	der Reisepass 여권	das Visum 비자
das Hotel 호텔	die Pension 펜션, 여관	das Gasthaus 여관, 민박집	die Jugendherberge 유스호스텔

das Restaurant 레스토랑	der Wartesaal 대기실	der Koffer 여행용 가방	das Gepäck 짐, 수하물
die Sehenswürdigkeit 관광지	der Ausflug 소풍	der Fahrkartenschalter 매표창구	die Gepäckkontrolle 화물 검사
die Gepäckannahme 수화물 접수	die Gepäckabfertigung 수화물 발송	die Zollkontrolle 세관 검사	der Zollbeamte 세관원
die Paßkontrolle 여권 검사			

쇼핑

das Geld 돈	der Euro 유로	der Cent 센트	der Schein 지폐
die Münze 동전	das Portemonnaie 지갑	der Preis 가격	die Kasse 계산대
der Supermarkt 슈퍼마켓	das Kaufhaus 백화점	der Laden 가게	der Blumenladen 꽃 가게
der Gemüseladen 채소 가게	die Bäckerei 빵집, 제과점	die Fleischerei 생선 가게	die Apotheke 약국
die Drogerie 잡화점	die Reklame 광고, 선전	die Werbung 광고	der Käufer 구매자
der Verkäufer 판매자	die Quittung 영수증	der Kassenbon 영수증	

경영, 기업

die Fabrik 공장	die Firma 회사	der Betrieb 경영	die Bank 은행
das Büro 사무실	das Geschäft 업무, 가게	die Versicherung 보험	

사회, 그룹, 교제

die Party 파티	die Feier 휴일	das Fest 축제	die Fete 파티

die Sitzung 회의	die Konferenz 회의	der Gast 손님	der Teilnehmer 참가자
der Besuch 방문	die Einladung 초대	der Geburtstag 생일	die Unterhaltung 오락, 대화

문화

das Kino 영화관	der Film 영화	das Theater 극장	das Theaterstück 연극, 희곡
das Museum 박물관	die Ausstellung 전시	die Galerie 화랑	das Konzert 콘서트
die Oper 오페라	die Symphonie 교향곡	das Klavier 피아노	der Flügel 오르간
die Geige 바이올린	die Violine 바이올린	die Gitarre 기타	die Flöte 피리
der Gesang 성악	die Sporthalle 체육관	die Schwimmhalle 수영장	der Fussball 축구
das Fussballspiel 축구경기	das Stadion 경기장	das Tennis 테니스	das Tischtennis 탁구
der Zuschauer 관람객			

학교

der Schüler 학생	die Schülerin 여학생	der Unterricht 수업	die Unterrichtsstunde 수업시간
die Klasse 반, 학급	das Klassenzimmer 교실	der Schulhof 운동장	die Tafel 칠판
die Kreide 분필	der Schwamm 지우개	das Buch 책	das Heft 공책
das Blatt 종이	die Tasche 가방	die Sommerferien 여름방학	die Herbstferien 가을방학
die Weihnachtsferien 겨울방학			

대학

der Hochschullehrer 대학교수	der Hochschullehrerin 대학여교수	der Dozent 강사	die Dozentin 여강사
der Student 대학생	die Studentin 여대생	die Vorlesung 강의	das Seminar 세미나
die Übung 연습문제	das Praktikum 실습	der Hörsaal 청강실	der Seminarraum 세미나실
die Bibliothek 도서관	das Semester 학기	die Semesterferien 방학	

휴일

Ostern 부활절	Pfingstern 오순절	Weihnachten 성탄절	Neujahr 신년, 새해
Karneval 축제일			

과목

Englisch 영어	Deutsch 독일어	Französisch 프랑스어	Italienisch 이탈리아어
Russisch 러시아어	Spanisch 스페인어	Latein 라틴어	Griechisch 그리스어
Mathematik 수학	Chemie 화학	Physik 물리	Biologie 생물
Geographie 지리	Geschichte 역사	Musik 음악	Kunst 예술
Sport 체육	Sozialkunde 사회	Religion 종교	

전공분야

die Anglistik 영문학	das Architekturstudium 건축학	die Chemie 화학	die Elektrotechnik 전자공학

die Physik 물리	die Fachdidaktik 교수법	die Geisteswissenschaft 정신과학	die Germanistik 독어독문학
die Informatik 정보학	das Jurastudium 법학	die Theologie 신학	die Linguistik 언어학
die Literatur 문학	der Magister 석사	der Maschinenbau 기계공학	die Mathematik 수학
die Medizin 의학	die Naturwissenschaft 자연과학	die Ökonomie 경제	die Pädagogik 교육학
die Pharmazie 약학	die Philosophie 철학	die Sprachwissenschaft 언어학	die Psychologie 심리학
die Romanistik 로만어학	die Sozialwissenschaft 사회학	das Examen 국가시험	das Staatsexamen 국가고시
das Lehramt 교직	die Wirtschaftswissenschaft 경제학		

문구

der Bleistift 연필	der Füller 만년필	der Kugelschreiber 볼펜	der Pinsel 붓
die Tinte 잉크	das Papier 종이	das Radiergummi 지우개	die Kugelschreibermine 연필심
das Etui 케이스, 상자	das Lineal 자	der Schreibblock 메모장	das Schreibheft 노트

국가, 정치

das Parlament 의회	der Abgeordnete 국회의원	die Partei 정당	die Wahl 선거
das Land 국가, 육지	der Kreis 구역	die Gemeinde 공동체	die Stadtverwaltung 도시행정
die Welt 세계, 구역	die Wirtschaft 경제	die Wissenschaft 과학, 학문	

생명, 삶			
die Geburt 탄생	der Tod 죽음	das Glück 행복	das Unglück 불행
das Leid 걱정, 괴로움	der Schmerz 고통	die Trauer 비애	der Kummer 근심, 걱정
die Träne 눈물	der Unfall 사고	die Freude 기쁨	der Freund 친구
der Feind 적, 상대방	der Frieden 평화	der Krieg 전쟁	der Anfang 시작
das Ende 끝, 마지막	der Schluss 종료, 결말	der Fleiss 근면	die Faulheit 나태
die Arbeit 일, 노동	das Studium 학업, 연구	die Tat 행위, 행동	

3. 생활 독일어 회화

기본 인사말(Begrüßung)	
• 안녕! (일상적)	Hallo!
• 안녕하세요! (아침)	Guten Morgen!
• 안녕하세요! (점심)	Guten Tag!
• 안녕하세요! (저녁)	Guten Abend!
• 안녕하세요! (주로 독일 남부와 오스트리아에서 쓰는 인사말)	Grüß Gott!
• 안녕히 주무세요.	Gute Nacht!
• 안녕히 가세요. / (전화상으로)	Auf Wiedersehen! / (Auf Wiederhören!)
• 어떻게 지내십니까?	Wie geht es Ihnen?
• 잘 지냅니다.	Es geht mir gut.
• 잘 지내지 못합니다.	Es geht mir schlecht (schlimm).
• 잘 가요.	Tschüß! (요즘 선호함) / Auf Wiedersehen!
• 이름이 어떻게 되죠?	Wie heißen Sie? / Wie ist Ihr Name?
• 제 이름은 _____ 입니다.	Ich heiße _____ . / Mein Name ist _____ .
• 만나서 반갑습니다.	Ich freue mich, Sie kennenzulernen.
• 독일에 오신 것을 환영합니다.	Willkommen in Deutschland!
• 저는 한국인입니다.	Ich bin Koreaner. (남) / Ich bin Koreanerin. (여)
• 이곳은 처음입니다.	Ich bin zum ersten Mal hier! / Ich bin fremd von hier.
• 저는 독일어를 잘하지 못합니다.	Ich kann nicht gut Deutsch. / Ich spreche nicht...
• 독일에 온 지 일 년 되었습니다.	Ich bin seit einem Jahr in Deutschland.
• 질문이 있습니다.	Ich habe eine Frage.
• 무슨 일을 하십니까? (직업을 물을 때)	Was machen Sie beruflich?
• 나이가 얼마나 되시죠?	Wie alt sind Sie?
• 27살이에요.	Ich bin 27 Jahre alt.

• 전화번호가 어떻게 됩니까?	Welche Telefonnummer haben Sie?
• 취미가 뭐예요?	Was ist Ihre Lieblingsbeschäftigung?
• 결혼했나요?	Haben Sie geheiratet? / Sind Sie verheiratet?
• 아직 미혼입니다.	Ich bin noch ledig.
• 아이가 있나요?	Haben Sie Kinder?
• 형제는 얼마나 되죠?	Wie viele Geschwister haben Sie?

날짜(Datum)	
• 오늘이 며칠입니까?	Der wievielte ist heute?
• 오늘은 (2016년) 5월 5일입니다.	Heute ist der 5. Mai (im Jahr 2016).
• 오늘이 무슨 요일이죠?	Welcher Tag ist heute?
• 오늘은 목요일인데요.	Heute ist Donnerstag.

시간(Zeit)	
• 몇 시입니까?	Wie viel Uhr ist es?
• 3시 15분입니다.	Viertel nach drei.
• 시간 있습니까?	Haben Sie Zeit?
• 언제 도착하나요?	Wann kommen Sie an?
• 어디에서 왔나요? (출신)	Woher kommen Sie?
• 한국의 부산에서 왔어요.	Ich komme aus Pusan in Korea.

장소(Ort)	
• 어디서 사나요?	Wo wohnen Sie?
• 주소가 어떻게 되나요?	Wie ist Ihre Adresse?
• 여기가 어디죠?	Wo bin ich?
• 이 근처에 은행이 있나요?	Gibt es eine Bank in der Nähe?
• 여기서 멀어요?	Ist es weit von hier?

일반 1(Allgemeines 1)

• 물론이죠!	Ja, natürlich!
• 제 말 이해하시겠습니까?	Verstehen Sie mich?
• 그렇게 생각합니다.	Ich glaube schon.
• 난 그렇게 생각하지 않습니다.	Das finde ich nicht.
• 정확히는 모르겠는데요.	Ich weiß nicht genau. / Keine Ahnung.
• 넌 같이 안 갈래?	Kommst du nicht mit?
• 아마 그럴 겁니다.	Ja, vielleicht.
• 아니요, 아직 안 했습니다.	Nein, noch nicht.
• 예, 동의합니다.	Ja, ich bin einverstanden.
• 예, 찬성합니다.	Ja, ich bin dafür.
• 천천히 대답해 주십시오.	Bitte, antworten Sie langsam.

감사 표현(Dankbarkeit)

• 감사합니다.	Danke. / Danke schön. / Vielen Dank. / Herzlichen Dank!
• 천만에요!	Bitte schön! / Bitte sehr!
• 초대해 주셔서 감사합니다.	Vielen Dank für Ihre Einladung.
• 별말씀을요.	Nichts zu danken.
• 천만에요, 제가 좋아서 한걸요.	Gern geschehen.
• 별거 아닙니다.	Nicht der Rede wert.
• 죄송합니다.	Entschuldigung.
• 일부러 그런 것은 아닙니다.	Es war keine Absicht.
• 괜찮습니다.	Das macht nichts. / Kein Problem.

일반 2(Allgemeines 2)

• 뭐 좀 마실까요?	Wollen wir etwas trinken?
• 연주회에 갈까요?	Wollen wir ins Konzert gehen?

• 식사하러 갈까요?	Wollen wir ins Restaurant gehen?
• 오늘 밤에 만날까요?	Wollen wir uns heute Abend treffen?
• 치과에 가보지 그래요?	Sie sollen zum Zahnarzt gehen?
• 다시 한번 말씀해 주시겠습니까?	Wie bitte?
• 들어가도 되겠습니까?	Kann ich hereinkommen?
• 저를 좀 도와주시겠습니까?	Würden Sie mir bitte helfen?
• 부탁 하나만 해도 될까요?	Könnten Sie mir einen Gefallen tun?
• 무엇 좀 물어봐도 될까요?	Darf ich etwas fragen?
• 택시 좀 잡아주시겠습니까?	Würden Sie bitte ein Taxi rufen?
• 이 돈을 유로화로 바꿔주시겠습니까?	Würden Sie bitte dieses Geld in Euro wechseln?
• 좀 지나가도 되겠습니까? (좁은 통로에서)	Darf ich bitte einmal durch?
• 다른 것을 보여 주십시오. (가게에서)	Bitte zeigen Sie mir etwas anderes.
• 가져도 됩니까?	Darf ich das haben?
• 입어봐도 됩니까?	Darf ich das anprobieren?
• 무엇을 드시겠습니까?	Was möchten Sie essen?
• 커피를 마시고 싶습니다.	Ich möchte eine Tasse Kaffee trinken.
• 영화를 보고 싶습니다.	Ich möchte einen Film sehen.
• 다시 만나기를 기대하겠습니다.	Ich freue mich darauf, Sie wiederzusehen.
• 혼자 있고 싶습니다.	Ich möchte allein sein.
• 즐거운 시간이 되기를!	Viel Spass!
• 빨리 회복되기를!	Gute Besserung!
• 성공하기를!	Viel Erfolg!
• 모든 일이 잘 되기를!	Alles Gute!
• 맛있게 드세요!	Guten Appetit!
• 건배!	Prost! / Zum Wohl!
• 즐거운 성탄절이 되기를!	Frohe Weihnachten!
• 감기 조심하세요! (보통 상대방이 재채기할 때)	Gesundheit!

전화(Telefon)	
• 여보세요!	Hallo!
• 그는 통화 중입니다.	Er spricht gerade mit jemandem.
• 한스 좀 바꿔주세요.	Kann ich bitte (mit) Hans sprechen?
• 그는 지금 없는데요.	Er ist im Moment nicht da.
• 한스가 언제쯤 돌아오나요?	Hans wieder da?
• 네, 접니다.	Am Apparat.
• 제가 한스인데요.	Hier spricht Hans.
• 전화 거신 분은 누구십니까?	Wer ist bitte am Apparat? / Wer ist da?
• 나중에 다시 걸겠습니다.	Ich werde später noch einmal anrufen.
• 제가 그에게 전해드릴 말씀이 있습니까?	Soll ich ihm etwas ausrichten?
• 좀 더 천천히 말씀해 주세요.	Sprechen Sie bitte noch langsamer.
• 좀 더 크게 말씀해 주세요.	Sprechen Sie bitte noch lauter.
• 잘못 거셨습니다.	Da sind Sie falsch verbunden.
• 전화 잘못 거셨습니다.	Sie haben sich verwählt.
• 한국 국가번호가 어떻게 됩니까?	Wie ist die Vorwahlnummer von Korea?
• 한국으로 전화하고 싶은데요.	Ich möchte nach Korea telefonieren.
• 요금은 얼마입니까?	Wie teuer ist es?
• 이 전화는 고장입니다.	Das Telefon ist kaputt. / Das Telefon funktioniert nicht.
• 왜 어제 나한테 전화 안 했어?	Warum hast du mich gestern nicht angerufen?
• 어디서 전화카드를 살 수 있을까요?	Wo kann ich eine Telefonkarte kaufen?
• 이 근처에 공중전화가 있습니까?	Gibt es in der Nähe einen Münzfernsprecher?
• 카드 전화를 찾을 수 없습니다.	Ich kann kein Kartentelefon finden.
• 내일 아침 일찍 전화할게.	Ich rufe dich morgen früh an.

약속(Verabredung)	
• 내일 다시 만날 수 있습니까?	Ich möchte Sie morgen wiedersehen?
• 오후에 시간이 있습니까?	Haben Sie heute Nachmittag Zeit?

• 어디에서 만날까요?	Wo treffen wir uns?
• 극장 앞에서	Vor dem Kino.
• 댁을 방문하고 싶군요.	Ich möchte Sie besuchen.
• 좋습니다.	Gern.
• 몇 시가 좋습니까?	Wann kann ich Sie besuchen?
• 언제라도 좋습니다.	Egal wann.
• 5시가 좋습니다.	Um 5 Uhr.
• 3시 30분까지 오십시오.	Bis 3:30. / Bis halb vier
• 3월 21일입니다	Heute ist der 21. März.
• 오늘은 금요일입니다.	Heute ist Freitag.
• 그때 봅시다.	Bis dann.
• 죄송합니다. 오늘은 시간이 없는데요.	Es tut mir leid. Heute habe ich keine Zeit.

가격(Preis)	
• 모두 얼마입니까?	Wie viel kostet das zusammen?
• 15유로입니다.	Das kostet 15 Euro.
• 그렇게 비싼 것은 아니군요.	Das ist nicht zu teuer.
• 조금 싸게 살 수 있을까요?	Könnte ich es etwas billiger bekommen?
• 이것이 정가입니다.	Das ist der Festpreis.
• 저는 10유로밖에 가지고 있지 않습니다.	Ich habe nur 10 Euro bei mir.
• 거스름돈을 받지 않았습니다.	Ich habe mein Wechselgeld noch nicht.
• 계산이 맞지 않습니다.	Die Rechnung stimmt nicht.
• 여행자 수표로 계산해도 될까요?	Kann ich mit Reiseschecks bezahlen?
• 저쪽 카운터에서 계산해 주세요.	Bitte, zahlen Sie dort an der Kasse.
• 영수증을 주세요.	Eine Quittung bitte.

감정(Emotion)	
• 아주 잘했어!	Prima!

• 아주 훌륭해!	Wunderbar!
• 확실히 좋은 일이군요!	Das ist sicher sehr angenehm!
• 나는 별 상관없어.	Mir ist es gleich.
• 이 책 정말 재미있어.	Das Buch ist wirklich interessant.
• 야, 정말 재미있는데!	Oh, sehr interessant!
• 그 점이 난 정말 궁금해.	Darauf bin ich aber gespannt.
• 제 맘에 꼭 들어요.	Es gefällt mir sehr gut.
• 나는 아주 잘 지내고 있어요.	Es geht mir sehr gut.
• 나는 매우 행복하답니다.	Ich bin sehr glücklich.
• 날씨가 화창해서 기분이 좋아요.	Ich freue mich über das schöne Wetter.
• 나는 클래식 음악을 매우 좋아합니다.	Ich begeistere mich für klassische Musik.
• 기분이 별로야!	Es geht mir nicht so sehr gut!
• 그것참 안됐군!	Schade!
• 아주 안 좋게 지내.	Es geht mir sehr schlecht.
• 정말 뻔뻔스럽군!	Unverschämt!
• 엉터리야, 말도 안 돼!	Unsinn, Quatsch!
• 나는 정말 운이 없는 모양이야.	Ich bin so unglücklich.
• 나는 아주 피곤해.	Ich bin sehr müde.
• 나에게 이건 정말 지루해.	Es ist mir so langweilig.
• 난 그 영화에 관심 없어.	Dieser Film interessiert mich nicht.
• 몸이 좋지 않은 것 같아.	Ich fühle mich nicht wohl.
• 우리는 완전히 녹초가 됐어.	Wir sind am Ende.
• 너는 나에게 화를 내서는 안 돼!	Du, ärgere dich nicht über mich!
• 나는 겁이 나는데.	Ich habe Angst.
• 나는 슬퍼.	Ich bin traurig.
• 날씨가 좋지 않아 우울한 거 있지.	Ich bin betrübt über das schlechte Wetter.
• 나는 그가 무서워.	Ich fürchte mich vor ihm.
• 이거 정말 엉망이잖아!	Das ist ja eine Schweinerei!

• 나한테 그저 우습게만 들리는데!	Darüber kann ich nur lachen!
• 마음을 편안히 가지세요!	Beruhigen Sie sich bitte!
• 당신은 정말 무례하군요!	Sind Sie ja schrecklich unhöflich!

쇼핑 1(Einkaufen 1)

• 이 근처에 백화점이 있습니까?	Gibt es ein Kaufhaus in der Nähe?
• 곧바로 가면 있습니다.	Gehen Sie geradeaus.
• 무엇을 도와드릴까요?	Was kann ich für Sie tun?
• 면도기를 사고 싶습니다.	Ich möchte einen Rasierapparat kaufen.
• 가까운 백화점이 어디에 있습니까?	Wo ist das nächste Kaufhaus?
• 여성복 매장이 어디에 있나요?	Wo ist die Abteilung für Damenbekleidung?
• 이 근처에 선물가게가 있나요?	Gibt es einen Souvenirladen in der Nähe?
• 에스컬레이터는 어디에 있나요?	Wo ist die Rolltreppe?
• 완구점은 몇 층에 있나요?	Im wievielten Stock ist die Spielwarenabteilung?
• 완구점은 5층에 있습니다.	Die Spielwarenabteilung ist im vierten Stock.
• 엘리베이터는 어디에 있나요?	Wo ist der Aufzug?
• 오른쪽으로 가십시오!	Gehen Sie nach rechts!
• 저는 구경할 뿐입니다.	Ich sehe mich nur um.
• 천천히 구경하십시오.	Sehen Sie sich ruhig um.

쇼핑 2(Einkaufen 2)

• 잘 맞나요?	Es passt?
• 저한테는 좀 큰 것 같네요.	Das ist etwas groß für mich.
• 이 구두가 당신 마음에 듭니까?	Gefallen Ihnen diese Schuhe?
• 아니요, 다른 게 또 있나요?	Nein, Haben Sie auch andere?
• 쇼윈도에 있는 바지를 보여주세요.	Können Sie mir die Hose im Schaufenster zeigen.
• 다른 색으로 같은 것이 있나요?	Haben Sie das gleiche in einer anderen Farbe?
• 파란색으로 보여주세요.	Haben Sie ein Blaues.

• 한번 입어봐도 될까요?	Darf ich es einmal anprobieren?
• 수제품입니다.	Das ist Handarbeit.
• 이것은 어떻습니까?	Was meinen Sie dazu?
• 마음에 들지 않네요.	Das gefällt mir nicht.
• 마음에 쏙 드네요.	Das gefällt mir gut.
• 이것은 무엇으로 만들었습니까?	Woraus ist das gemacht?
• 소가죽으로 만들었지요.	Das besteht aus Rindsleder.
• 무엇을 도와드릴까요?	Was darf es sein?
• 넥타이 하나 볼 수 있을까요?	Kann ich eine Krawatte finden?
• 둘러보세요. 이 파란색은 어떻습니까?	Schauen Sie mal um, wie gefällt Ihnen diese Blaue?
• 이 신발 한번 신어봐도 될까요?	Darf ich diese Schuhe einmal anprobieren?
• 물론이죠!	Natürlich!
• 나에게는 안 맞는군요.	Sie passt mir nicht.
• 다른 것 좀 보여주시겠어요?	Können Sie mir etwas andere zeigen?
• 어떤 색을 원하나요?	Welche Farbe möchten Sie gern?
• 밝은 청색이요.	Hellblau bitte.
• 네, 잠시만요!	Okay, bitte Moment mal!
• 장갑 좀 보여주시겠습니까?	Kann ich die Handschuhe sehen?
• 빨간색과 갈색의 장갑이 있습니다.	Wir haben rote und braune Handschuhe.
• 저에게는 너무 크네요.	Sie sind mir zu groß.
• 저에게는 너무 작네요.	Sie sind mir zu klein.
• 몇 살 정도 아이에게 맞을까요?	Zu welchem Alter passt es?
• 너무 눈에 띄네요.	Es ist zu auffällig.
• 어떤 상표를 원하세요?	Welche Marken möchten Sie?

쇼핑 3(Einkaufen 3)

• 이 카드 사용할 수 있나요?	Nehmen Sie diese Kreditkarte?
• 좀 더 싼 것은 없나요?	Haben Sie etwas Billigeres?

• 할인이 되나요?	Könnte ich es billiger bekommen?
• 관세를 물어야 하나요?	Muss ich dafür Zoll bezahlen?
• 부가가치세를 돌려받고 싶습니다.	Ich möchte die Mehrwertsteuer zurückbekommen.
• 아직 거스름돈을 받지 않았습니다.	Ich habe mein Wechselgeld noch nicht.
• 계산이 맞지 않습니다.	Die Rechnung stimmt nicht.
• 이것을 교환하고 싶습니다.	Ich möchte das umtauschen.
• 이것이 고장 났습니다.	Das ist nicht in Ordnung.
• 작동이 안 됩니다.	Es funktioniert nicht.
• 영수증을 가지고 오셨습니까?	Haben Sie die Quittung dabei?
• 여기 있습니다.	Hier ist die Quittung.
• 아직 더 필요하신 게 있나요?	Haben Sie noch einen Wunsch?
• 약 얼마 정도의 가격을 예상하시죠?	Wie viel sollte es ungefähr kosten?
• 그 빨간 스웨터가 정말 괜찮은데요.	Ich finde den roten Pullover sehr schön.
• 유감스럽지만 안 맞네요.	Der passt leider nicht.
• 돈을 환불해 주실 수 있습니까?	Könnten Sie mir das Geld zurückgeben?
• 현금으로 주실 수 있습니까?	Könnten Sie mit Bargeld bezahlen?
• 우리는 현금을 내줄 수는 없습니다.	Wir können nicht mit Bargeld zahlen.
• 선물용으로 포장을 부탁합니다.	Könnten Sie es bitte als Geschenk einpacken.
• 별도로 포장해 주시겠습니까?	Könnten Sie es getrennt einpacken?
• 이것을 호텔로 배달해 주세요.	Liefern Sie es bitte ins Hotel.
• 이것을 이 주소로 배달해 주시겠습니까?	Würden Sie bitte das an diese Adresse schicken?
• 오늘 중으로 배달해 주시면 좋겠습니다.	Ich möchte es heute haben.
• 한국 주소로 배달해 주실 수 있습니까?	Können Sie es an meine Adresse in Korea schicken?
• 저쪽 카운터에서 계산해 주십시오.	Bitte, zahlen Sie dort an der Kasse.
• 감사합니다. 20유로 거스름돈입니다.	Danke. Und 20 Euro zurück.
• 약간이라도 할인이 됩니까?	Geht der Preis etwas nicht herunter?

우체국(Der Post)	
• 우체통은 어디에 있습니까?	Wo ist der Briefkasten?
• 소포 창구가 어디입니까?	Wo ist der Paketschalter?
• 주소가 어떻게 됩니까?	Wie lautet die Adresse?
• 우표를 얼마짜리 붙여야 합니까?	Wie viel muss ich draufkleben?
• 이 소포를 한국으로 보내고 싶습니다.	Ich möchte dieses Päckchen nach Korea schicken.
• 이 서류를 작성해 주세요.	Füllen Sie bitte dieses Formular aus.

병원(Krankenhaus)	
• 기침(열, 변비, 설사)를 합니다.	Ich habe Husten(Fieber, Verstopfung, Durchfall).
• 감기에 걸린 모양인데요.	Vielleicht haben Sie erkältet.
• 식욕이 좋아지고 있어요.	Mein Appetit ist besser geworden.
• 여기가 아픕니다.	Es tut hier weh.
• 몸이 상당히 좋아졌어요.	Ich fühle mich viel besser.
• 몸 상태가 여전히 좋지 않아요.	Ich fühle mich noch nicht wohl.
• 처방전을 적어주겠습니다.	Ich gebe Ihnen ein Rezept.
• 제대로 숨을 쉴 수가 없네요.	Ich kann nicht richtig durchatmen.
• 저는 천식이 있습니다.	Ich habe Asthma.
• 절대로 술을 드시면 안 됩니다.	Trinken Sie überhaupt keinen Alkohol.
• 점점 더 빨리 피로해집니다.	Ich bin immer so schnell müde.
• 아주 많이 아파요.	Ich bin sehr krank.
• 그 약 이름이 무엇입니까?	Wie heißt die Arznei?

식당(Restaurant)	
• 웨이터!	Herr Ober!
• 두 사람이 앉을 자리를 찾는데요.	Wir suchen einen Tisch für zwei Personen.
• 그런데 이 자리는 좀 시끄럽군요.	Also, hier ist es etwas laut.
• 메뉴판 좀 보여주시겠습니까?	Könnte ich die Speisekarte sehen?

• 이 돈가스 맛은 어떻습니까?	Wie schmeckt das Schnitzel?
• 여기 아침식사 되나요?	Ist es möglich zu Frühstücken hier?
• 부르셨습니까?	Haben Sie mich gerufen?
• 포크를 떨어뜨렸습니다.	Ich habe meine Gabel fallen lassen.
• 소금을 건네주시겠습니까?	Können Sie mir bitte das Salz geben?
• 이것은 어떤 요리입니까?	Was für ein Gericht ist das?
• 이거 쇠고기입니까?	Ist das Rindfleisch?
• 생선요리를 드셔보십시오.	Ich empfehle Ihnen Fisch zum Essen.
• 나이프와 포크가 있습니까?	Kann ich bitte Messer und Gabel haben?
• 이것은 내가 주문한 게 아닌데요.	Ich glaube, das habe ich nicht bestellt.
• 요리가 아직 나오지 않았습니다.	Ich habe mein Essen noch nicht bekommen.
• 커피를 좀 더 드시겠습니까?	Möchten Sie noch einen Kaffee?
• 아니요, 충분합니다.	Nein danke, ich habe genug.
• 이거 어떻게 먹지요?	Wie isst man das?
• 저처럼 하십시오.	Machen Sie es bitte so wie ich.
• 한번 먹어봐도 될까요?	Darf ich einmal das probieren?
• 너무 배가 고파요.	Ich bin sehr hungrig.
• 빵을 좀 더 먹을 수 있을까요?	Könnte ich noch etwas Brot haben?
• 음식이 맛있었습니까?	Hat das Essen Ihnen gut geschmeckt?
• 내 입맛에 맞습니다.	Es schmeckt mir gut.
• 이 지역의 특산음식은 무엇입니까?	Was ist die Spezialität in dieser Gegend?
• 물 좀 갖다 주세요.	Bringen Sie mir bitte etwas Wasser.
• 이 샐러드는 싱싱합니까?	Ist der Salat frisch?
• 물론이죠, 아주 싱싱합니다!	Natürlich, ganz frisch!
• 그러면 양파 수프로 하겠습니다.	Dann, nehme ich Zwiebelsuppe.
• 계산하겠습니다.	Bitte, Zahlen.
• 계산서 주세요!	Die Rechnung bitte!
• 여기 계산서요. 30유로입니다.	Hier ist Ihre Rechnung. 30 Euro.

• 남은 음식을 싸주십시오.	Ich möchte den Rest mitnehmen.
• 같이 계산하시겠어요? 각자 하시겠습니까?	Zahlen Sie zusammen oder getrennt?
• 고기가 너무 질겼어요.	Das Fleisch war zu zäh.
• 지금 커피를 드시겠습니까?	Möchten Sie jetzt Ihnen Kaffee?
• 이곳은 구운 소시지가 아주 유명해요.	Hier ist Bratwurst sehr bekannt.
• 포도주 리스트를 좀 갖다 주십시오.	Bringen Sie mir bitte die Weinkarte.

음식 – 패스트푸드, 예약(Essen – Fastfood, Reservierung)

• 무엇을 도와드릴까요?	Was möchten Sie?
• 프라이드치킨 반 마리 주십시오.	Bitte ein halbes Hänchen.
• 핫도그에 겨자 소스를 뿌려주십시오.	Geben Sie mir bitte einen Hotdog mit Senf.
• 가지고 갈 겁니까? 여기서 먹을 것입니까?	Möchten Sie es hier essen oder mitnehmen?
• 가지고 갈 거예요.	Zum Mitnehmen, bitte.
• 여기서 먹을 것입니다.	Ich esse hier.
• 저기서 좀 기다려주십시오.	Warten Sie bitte dort.
• 빨대는 어디 있나요?	Wo gibt es die Strohhalme?
• 이 자리에 앉아도 됩니까?	Darf ich hier Platz nehmen?
• 네, 앉으셔도 좋습니다.	Ja, Sie können sich setzen.
• 테이블 하나를 예약하고 싶은데요.	Ich möchte einen Tisch reservieren lassen.
• 정장 차림이어야 합니까?	Soll man einen Anzug tragen?
• 이 근처에 많이 비싸지 않은 레스토랑이 있습니까?	Gibt es in der Nähe ein nicht so teures Restaurant?
• 훌륭한 레스토랑이 있으면 소개해 주시겠습니까?	Können Sie mir ein gutes Restaurant empfehlen?
• 예약을 이미 하셨습니까?	Haben Sie schon eine Reservierung?
• 지금 예약을 해야 합니까?	Muss ich jetzt einen Tisch reservieren?
• 흡연석과 금연석 중 어느 자리를 원하십니까?	Raucher oder Nichtraucher?
• 금연석으로 주세요.	Nichtraucher, bitte.

• 네, 이쪽으로 따라오십시오.	Ja, bitte hier entlang.

오락 – 연극 공연, 영화 (Unterhaltung – Theater, Film)

• 오늘 밤 어떤 공연이 있습니까?	Was wird heute Abend gespielt?
• 연극 한 편 추천해 주시겠습니까?	Können Sie mir ein Theaterstück empfehlen?
• 그 연극 공연 표 두 장만 예약해 주시겠습니까?	Würden Sie bitte zwei Karten für das Theaterstück bestellen?
• 중간에 휴식시간이 있습니까?	Gibt es zwischendurch eine Pause?
• 휴식시간은 얼마 동안입니까?	Wie lange dauert die Pause?
• 마지막 공연은 몇 시에 있나요?	Um wie viel Uhr beginnt die letzte Vorstellung?
• 공연 시간은 얼마 동안입니까?	Wie lange dauert die Vorstellung?
• 어디서 티켓을 팝니까?	Wo kann ich eine Karte kaufen?
• 이 공연은 몇 시에 끝납니까?	Um wie viel Uhr endet diese Vorstellung?
• 입석이 있습니까?	Haben Sie Stehplätze?
• 제일 싼 표로 주세요.	Die billigste Karte, bitte.
• 프로그램 하나 주십시오.	Ich hätte gerne ein Programm.
• 요즘 인기 있는 영화는 무엇입니까?	Welcher Film ist jetzt beliebt?
• 영화관에서 상영되고 있는 영화는 무엇입니까?	Was läuft im Kino?
• 이 영화에서 누가 연기를 합니까?	Wer spielt in dem Film?
• 주연이 누구입니까?	Wer sind die Hauptdarsteller?
• 감독이 누구입니까?	Wer ist Regisseur?
• 그 영화는 어디에서 상영합니까?	In welchem Kino kann man den Film sehen?
• 그 영화는 영어 혹은 독일어로 제작되었나요?	Ist der Film auf englisch oder auf deutsch?
• 그 영화 언제 보셨나요?	Wann haben Sie den Film gesehen?
• 그 영화 제목이 뭔데요?	Wie heißt der Film?
• 그것은 스티븐 작품입니까?	Ist es ein Stück von Steven?
• 영화관에 사람이 많나요?	Gibt es viele Menschen im Kino?
• 그 영화는 매우 인기 있어요.	Der Film ist sehr populär.

• 그 남자배우는 역할을 아주 잘 연기했어요.	Der Schauspieler spielte seine Rolle ganz gut.
• 모차르트 콘서트가 내 마음에 들었어요	Es gefällt mir das Konzert von Mozart gut.
• 요즘 재미난 영화 있나요?	Gibt es interessante Filme zur Zeit?
• 그 영화는 언제 상영합니까?	Wann läuft der Film?
• 매표소가 어디입니까?	Wo ist die Theaterkasse?

오락 – 축구, 스키, 춤(Unterhaltung – Fußball, Ski, Tanzen)	
• 축구 시합에 관한 정보를 원합니다.	Ich möchte mich nach dem Fußballspiel erkundigen.
• 오늘 어느 팀과 어느 팀의 시합이 있나요?	Welche Mannschaften spielen denn heute?
• 지금도 티켓 구할 수 있나요?	Gibt es noch Karten dafür?
• 여기 수영장이 있나요?	Gibt es hier ein Schwimmbad?
• 수영모자 없이 수영해도 됩니까?	Darf man ohne Badekappe schwimmen?
• 이 부근에서 스키를 탈 수 있나요?	Kann man in der Nähe Ski fahren?
• 스키를 빌리고 싶습니다.	Ich möchte mir eine Skiausrüstung ausleihen.
• 여기서 서핑을 할 수 있나요?	Kann man hier surfen?
• 반나절 스키학교에 입학하고 싶습니다.	Ich möchte halbtags eine Skischule besuchen.
• 춤추실 수 있나요?	Können Sie tanzen?
• 이 홀은 춤추기에 좋은 곳이군요.	Es tanzt sich gut in diesem Saal.
• 저와 함께 춤추러 디스코텍에 가실래요?	Kommen Sie mit, in eine Diskothek, mit mir zum Tanzen?
• 고맙지만 안되겠네요. 피곤해서요.	Nein, danke. Ich bin müde.
• 왈츠를 좋아하십니까?	Tanzen Sie gern Walzer?
• 언제부터 춤을 배우셨나요?	Seit wann lernen Sie Tanzen?
• 3개월 됐습니다.	Seit drei Monaten.
• 우리는 밤새 춤을 추었어요.	Wir haben die ganze Nacht getanzt.

오락 – 음악(Unterhaltung – Musik)

• 음악 듣기를 좋아하나요?	Hören Sie gern Musik?
• 네, 음악 듣기를 좋아해요.	Ja, Ich höre gern Musik.
• 어떤 종류의 음악을 가장 좋아하나요?	Was für eine Musik lieben Sie am meisten?
• 저는 클래식 음악을 좋아해요.	Ich habe klassische Musik am liebsten.
• 취미가 뭔지 물어봐도 될까요?	Darf ich fragen, was Ihre Hobbys sind?
• 저는 라이프치히에서 바흐 음악을 전공하고 있습니다.	Ich studiere Bachs Musik in Leipzig.
• 오늘 저녁 무슨 계획이 있나요?	Hast du heute Abend etwas vor?
• 아니요, 특별한 계획 없어요.	Nein, nichts besonderes.
• 나는 현대 음악을 이해할 수 없어요.	Ich kann die moderne Musik nicht verstehen.
• 우리 오늘 콘서트 갈까요?	Wollen wir heute ins Konzert gehen?
• 재즈 음악에 대해 어떻게 생각하나요?	Wie finden Sie Jazz?
• 나는 당신이 노래하는 것을 듣고 싶어요.	Ich möchte Sie singen hören.
• 우리 감미로운 사랑의 노래를 같이 들을까요?	Wollen wir zusammen ein romantisches Liebeslied hören?

등산(Bergsteigen)

• 한라산 등산해 보셨나요?	Sind Sie schon auf den Hanrasan gestiegen?
• 예, 벌써 가봤는걸요.	Ja, ich bin schon dort gewesen.
• 경치가 이렇게 아름다울 수가!(감탄문 형식)	Wie schön diese Aussicht ist!
• 나는 매일 그 산에 오릅니다.	Ich steige jeden Tag auf den Berg.
• 날씨가 좋으면 우리 산에 가도록 하자!	Wenn das Wetter gut ist, gehen wir bergsteigen!
• 바위에 오르는 것은 정말로 위험한 일이야.	Es ist sehr gefährlich auf einen Felsen zu steigen.
• 한국에는 산이 많아요.	Es gibt so manche Berge in Korea.
• 저 활동 중인 화산의 이름은 무엇인가요?	Wie heißt dieser tätige Vulkan?
• 등산하기에 참 좋은 날씨입니다.	Es ist sehr gutes Wetter, um einen Berg zu besteigen.
• 한 달에 등산을 몇 번이나 하십니까?	Wie viele Berge besteigen Sie in einem Monat?

정답

Chapter 2

A. 1) machst 2) schreibt 3) reservieren
   4) kommt 5) bestellen 6) arbeitest
   7) reist 8) sammle 9) Nimmst
   10) liest 11) fährt 12) weiß
   13) seid 14) hast 15) wird

B. 1) Ich kaufe ein Kleid.
   2) Du arbeitest im Garten.
   3) Onkel Paul liest einen Roman.
   4) Ihr reist nach Paris.
   5) Max telefoniert mit seiner Schwester.
   6) Thomas und Christine backen einen Kuchen.
   7) Oma nimmt ein Taxi.
   8) Susan fährt zum Hauptbahnhof.
   9) Sie läuft durch den Park.
   10) Er weiss nichts.
   11) Die Sekretärin spricht mit Kunden.
   12) Der Lehrer wartet auf mich.

C. 1) Franz wird wieder gesund.
   2) Du hast viel Geld.
   3) Wo seid ihr denn?
   4) Wann bist du fertig?
   5) Werdet ihr schon müde?
   6) Du hast den Reisepass.

Chapter 3

A. 1) die, das, die, der 2) der, die, der, das
   3) die, die, der, die 4) das, das, der, das
   5) die, der, das, das 6) die, der, die, das
   7) das, die, die, der 8) die, die, das, das
   9) der, die, die, der 10) die, die, die, die
   11) die, das, das, der 12) das, das, der, der
   13) die, die, der, der 14) das, die, der, die
   15) die, die, der, der 16) der, das, das, der
   17) die, die, die, der 18) der, die, die, das
   19) das, die, die, der 20) die, der, die, die
   21) der, das, die, die

B. 1) der, die, die Kaffeetasse(커피잔)
   2) die, das, das Reisebüro(여행 안내소)
   3) das, das, das Glücksgefühl(행복감)
   4) das, der, der Autoschlüssel(자동차 키)

C. 1) die Bücher 2) die Karten
   3) die Töchter 4) die Väter
   5) die Füsse 6) die Bilder
   7) die Menschen 8) die Firmen
   9) die Museen 10) die Lehrerinnen
   11) die Sätze 12) die Doktoren
   13) die Stühle 14) die Regeln
   15) die Hobbys

D. 1) das Wörterbuch 2) die Zeitung
   3) der Mutter 4) die Lehrerin
   5) dem Chef 6) den Kindern
   7) des Schülers 8) dem Fahrrad

Chapter 4

A. 1) Die 2) Die, des 3) den, die 4) der 5) Das
B. 1) einen 2) eine 3) ein 4) einer 5) ein
C. 1) keine 2) keinen 3) kein 4) kein 5) kein, kein

Chapter 5

A. 1) Es 2) Sie 3) dir 4) Ihnen 5) ihr
B. 1) dich 2) mir 3) ihnen 4) euer 5) ihr
C. 1) sie 2) es 3) er 4) wir
   5) ihn 6) ihr 7) euch 8) ihnen
D. 1) Ja, er hat sie ihr schon gezeigt.
   2) Ja, sie hat ihn dir gegeben.
   3) Ja, wir haben sie euch geschenkt.
   4) Ja, sie haben sie ihnen erzählt.
   5) Ja, ich habe es ihm gegeben.

Chapter 6

A. 1) dein 2) sein 3) ihre 4) sein 5) unser 6) eure
   7) ihr 8) Ihr 9) meine 10) seine 11) ihr 12) deine
B. 1) ihren, ihre, ihr 2) seinen, sein, seine
   3) unsere, unsere, unsere 4) euren, euer, eure
   5) ihrem, ihrer
C. 1) seinen 2) ihrer 3) meinen 4) meinen 5) unsere

Chapter 7

A. 1) Wen 2) Wem 3) Was
   4) Wer 5) Wessen 6) Wem
B. 1) Was für eine 2) Welche
   3) Welches 4) Was für einen
C. 1) Wie alt sind Sie?

> 정답

2) Wo wohnen Sie?
3) Woher kommen Sie?
4) Wie lange arbeiten Sie?
5) Wie oft besuchen Sie Ihre Mutter?
6) Wie viele Freunde haben Sie?
7) Wohin fahren Sie?
8) Warum gehen Sie nicht zur Schule?

Chapter 8

A. 1) siebzehn 2) dreiundzwanzig
3) sechsundsechzig 4) siebenundsiebzig
5) fünfundachtzig 6) neunundneunzig
7) hunderteins
8) vierhundertsiebenundsechzig
9) sechstausendsiebenhundertneunundachtzig

B. 1) sechzehnten 2) Achtziger
3) drei Siebtel 4) siebten
5) vierzig Euro fünfzig
6) neunzehnhundertachtundachtzig
7) null-eins-sieben-drei-acht-sieben-zwei-zwei-fünf-vier
8) einundzwanzigste

C. 1) Viertel nach acht 2) halb zehn
3) Viertel vor fünfzehn 4) fünf vor acht
5) fünf vor halb dreizehn
6) fünf nach halb neunzehn

Chapter 9

A. 1) aufstehen, zusenden, ankommen, fernsehen, teilnehmen, vorbereiten, aussteigen, kennenlernen, einschalten, abholen, umsteigen, ausgehen
2) erfinden, bezahlen, zerbrechen, empfangen, entschuldigen
3) widersprechen, übersetzen, wiederholen

B. 1) Ich komme pünktlich in Frankfurt an.
2) Der Chef besucht morgen das Museum.
3) Herr Müller übersetzt den Brief ins Englisch.
4) Frau Meier holt ein Päckchen von der Post ab.
5) Meine Mutter vereinbart mit ihr einen Termin.
6) Simon hebt Geld am Bankautomaten ab.
7) Isabella räumt ihr Zimmer auf.
8) Opa empfiehlt mir ein Konzert.

C. Rainer Braun steht um 6 Uhr auf. Er trinkt eine Tasse Kaffee. Er bereitet von 7 bis 8 Uhr die Hausarbeit vor. Er fährt um 8:30 Uhr mit der U-Bahn zur Universität. Er steigt am Hauptbahnhof aus. Er kommt um 9 Uhr in der Uni an. Er spricht kurz mit seinem Professor. Er beginnt mit dem Seminar um 10 Uhr und hört um 12 Uhr auf. Er begegnet seiner Freundin. Er isst um 13 Uhr mit ihr zu Mittag. Er nimmt am Nachmittag noch an einer Vorlesung teil. Er fährt um 17 Uhr von der Uni ab. Er ist um 18 Uhr zu Hause. Er lädt seinen Freund zum Abendessen ein. Er sieht gern nach dem Essen fern. Er geht um 22 Uhr ins Bett.

Chapter 10

A. 1) Du bist gegangen. 2) Du hast gegessen.
3) Ihr habt getrunken. 4) Sie ist gelaufen.
5) Er ist gesprungen. 6) Ich habe gemalt.
7) Er hat gelesen. 8) Wir haben gedacht.
9) Sie ist aufgestanden. 10) Sie sind geblieben.
11) Ihr habt studiert. 12) Sie haben gebracht.

B. 1) Wann haben Sie einen Fehler gemacht?
2) Wo hast du meine Tasche gefunden?
3) Wo haben Sie Deutsch gelernt?
4) Wann bist du gestern eingeschlafen?
5) Warum ist sie früh zur Schule gegangen?
6) Wann ist der Zug abgefahren?
7) Um wieviel Uhr haben Sie gestern geschlafen?
8) Wo habt ihr frisches Obst eingekauft?
9) Wo hast du am Wochenende gearbeitet?
10) Was hat er gestern zu Hause gelesen?

C. 1) Peter ist mit dem Fahrrad gefahren.
2) Karolin hat den ganzen Tag gearbeitet.
3) Petra hat manchmal im Internet gesurft.
4) Martin ist um 22 Uhr ins Bett gegangen.
5) Ich bin heute um 7 Uhr aufgestanden.
6) Sie haben mit Ihrer Freundin telefoniert.
7) Daniel hat gestern seinen Arzt besucht.
8) Ihr seid um 11 Uhr nach Bonn abgefahren.
9) Wir haben im Supermarkt Obst eingekauft.
10) Er hat mich dem Chef empfohlen.

Chapter 11

A. 1) suchte 2) wartete 3) fuhr 4) nahm 5) schlief
6) half 7) studierte 8) las 9) bot 10) lag

정답

B.
1) Er hatte im Urlaub schönes Wetter.
2) Wo wart ihr denn?
3) Tina gab ihrer Schwester eine Tasche.
4) Jürgen spielte gern Fussball.
5) Lisa wurde plötzlich krank.
6) Mein Freund kam zu meiner Party.
7) Der Minister flog nach Berlin.
8) Du musste noch lernen.
9) Die Chefin wollte nicht kommen.
10) Emils Fahrrad fuhr nicht.

C. Die Ferien meiner Kindheit verbrachte ich bei den Großeltern in der Schweiz. Meine Mutter brachte mich zum Bahnhof, setzte mich in den Zug, und wenn ich Glück hatte, konnte ich sitzen bleiben und kam nach sechsstündiger Fahrt an dem Bahnsteig an, an dem der Großvater mich erwartete.

Chapter 12

A. 1) wollen 2) sollst 3) darf 4) müsst
5) mag 6) kann 7) möchte 8) Magst
9) Kannst 10) dürft

B.
1) Sie können das Zimmer für mich reservieren.
2) Wann sollen wir nach Hause fahren?
3) Darf ich mal Ihren Fotoapparat benutzen?
4) Möchtet ihr heute das Museum besuchen?
5) Wir müssen bis 20 Uhr Hausaufgaben machen.

C. 1) darf 2) musst 3) mag 4) soll 5) kann 6) darf

Chapter 13

A. 1) en 2) en 3) es 4) e
5) en 6) er, e 7) e 8) en

B. 1) einfahrende 2) geöffnete 3) lernendes
4) gestohlene 5) verkaufte 6) rauchender
7) zerstörte 8) arbeitenden

C. 1) Eine Bekannte 2) Der Betrunkene
3) Die Studierenden 4) den Alten
5) etwas Süsses 6) nichts Neues

Chapter 14

A. 1) schärfer, am schärfsten 2) höher, am höchsten
3) besser, am besten 4) mehr, am meisten
5) teurer, am teuersten 6) lieber, am liebsten

B. 1) größer 2) gut 3) länger 4) wärmer
5) mehr, mehr 6) sicherste 7) lieber, am liebsten
8) höher, am höchsten

Chapter 15

A. 1) werdet 2) gefunden 3) sein 4) übernachtet

B.
1) Er wird den Roman ins Koreanische übersetzen.
2) Sie wird den Computer ausschalten.
3) Wir werden im Hotel übernachten.
4) Ihr werdet in einer Tanzschule tanzen.
5) Wann wird der Sprachkurs anfangen?
6) Wirst du das Museum besuchen?
7) Er wird die Gäste vom Flughafen abholen.
8) Ich werde das Formular ausfüllen.

C.
1) Der Chef wird mit Kunden gesprochen haben.
2) Die Praktikantin wird ein Zimmer reserviert haben.
3) Frau Meier wird zum Bahnhof gefahren sein.
4) Mein Onkel wird im Krankenhaus gestorben sein.
5) Karl wird sein Zimmer aufgeräumt haben.
6) Der Angestellte wird am Bahnhof umgestiegen sein.
7) Meine Freundin wird um 7 Uhr aufgestanden sein.
8) Mein Bruder wird mich angerufen haben.

Chapter 16

A. 1) zum 2) zur 3) nach 4) aus
5) vom 6) beim 7) bei der 8) zu
9) nach

B. 1) für 2) durch 3) ohne 4) entlang
5) gegen 6) um 7) bis

C. 1) der 2) auf 3) die 4) das
5) das 6) am 7) Im 8) dem

D. 1) des 2) der 3) Anstatt 4) Trotz
5) Wegen 6) Während 7) des

E. 1) (an)statt 2) gegen
3) an 4) des kalten Wetters
5) in den Park 혹은 zum Park 6) den

Chapter 17

A. 1) sich 2) uns 3) dir 4) dir 5) mich
6) mich 7) sich 8) sich 9) euch 10) dich

B. 1) sich, an 2) sich, nach 3) uns, auf

4) dich, mit   5) mich, für   6) dich, bei
7) euch, über   8) sich, um   9) mich, vor
10) sich, gegen

C. 1) dich   2) an   3) auf   4) mir   5) er sich

Chapter 18

A. 1) du: Hilf mir sofort!
   ihr: Helft mir sofort!
   Sie: Helfen Sie mir sofort!
2) du: Lies das Buch bis morgen!
   ihr: Lest das Buch bis morgen!
   Sie: Lesen Sie das Buch bis morgen!
3) du: Fahr(e) langsamer!
   ihr: Fahrt langsamer!
   Sie: Fahren Sie langsamer!
4) du: Vergiss den Koffer nicht!
   ihr: Vergesst den Koffer nicht!
   Sie: Vergessen Sie den Koffer nicht!
5) du: Sei vorsichtig!
   ihr: Seid vorsichtig!
   Sie: Seien Sie vorsichtig!
6) du: Bring den Regenschirm mit!
   ihr: Bringt den Regenschirm mit!
   Sie: Bringen Sie den Regenschirm mit!

B. 1) Halt(e) dein Auto!
2) Seien Sie noch geduldig!
3) Lass uns sofort fahren!
4) Wartet auf den Bus!
5) Studier(e) fleissig!
6) Wollen wir mal Bier trinken!

Chapter 19

A. 1) Die   2) Denen   3) derer
   4) Das   5) Diese, jener   6) dieser
   7) Dieses   8) solches
B. 1) denselben   2) denjenigen
   3) demselben   4) Diejenigen

Chapter 20

A. 1) das   2) deren   3) denen   4) dessen
   5) die   6) den   7) denen   8) die
   9) der   10) den   11) in dem 혹은 wo
   12) Wer   13) was

B. 1) Das sind die Aufgaben, die wir bis morgen lösen sollen.
2) Das ist ein Baum, den mein Opa gepflanzt hat.
3) Ich habe einen Hund, dessen Augen blau sind.
4) Das sind unsere Nachbarn, denen wir Schokolade geschenkt haben.
5) Du hast alles gehalten, was du mir versprochen hast.
6) Das ist eine Note, mit der du zufrieden sein kannst.
7) Ich habe ein Angebot bekommen, über das ich noch nachdenken muss.
8) Wer Urlaub machen will, muss diesen bis Ende August nehmen.

Chapter 21

A. 1) gegeben   2) worden   3) müssen
   4) werdet   5) werden   6) mitgebracht
B. 1) Eine Fahrkarte wird von mir gekauft.
2) Eine Geschichte wurde von ihm erzählt.
3) Ich wurde von Maria angerufen.
4) Ich bin von dem Lehrer gefragt worden.
5) Es wird am Sonntag nicht gearbeitet.
   혹은 Am Sonntag wird nicht gearbeitet.
6) Es ist mir nicht geantwortet worden.
   혹은 Mir ist nicht geantwortet worden.
7) Das Auto muss von uns sofort repariert werden.
8) Das Geld hat von mir nicht gezahlt werden können.
9) Es wird mir von meiner Mutter jeden Tag geholfen.
   혹은 Mir wird von meiner Mutter jeden Tag geholfen.
10) Es ist mir gestern von Fritz geantwortet worden.
    혹은 Mir ist gestern von Fritz geantwortet worden.

C. 1) Das Auto lässt sich reparieren.
   Das Auto ist zu reparieren.
2) Die Gäste lassen sich einladen.
   Die Gäste sind einzuladen.
3) Der Dieb lässt sich verhaften.
   Der Dieb ist zu verhaften.
4) Die Patienten lassen sich operieren.
   Die Patienten sind zu operieren.

Chapter 22

A. 1) eins   2) einen   3) keine   4) keins

B. 1) Man/Jeder/Jedermann
2) jemand(en), niemend(en)
3) etwas 4) niemand(em)
5) nichts 6) alle, einige
7) einer 8) jede

Chapter 23

A. 1) Du gehst weg und ich bleibe hier.
2) Ich gehe schlafen, weil ich müde bin.
3) Du musst Zähne putzen, bevor du schlafen gehst.
4) Als er 7 Jahre alt war, ging er zur Schlule.
5) Obwohl viele Menschen arm sind, sind sie zufrieden.
6) Die Bücher werden morgen geliefert, wenn Sie heute bestellen.
7) Wissenschaftler haben herausgefunden, dass Tiere auch sprechen können.
8) Es ging ihm besser, nachdem er die Tablette eingenommen hatte.
9) Viele Menschen treiben Sport, damit sie fit bleiben wollen.

B. 1) weder 2) sondern auch 3) oder
4) sowohl 5) aber

C. 1) Wir haben kein Auto, deshalb kommen wir mit dem Zug.
2) Er macht die Hausaufgaben nicht, stattdessen geht er mit seinen Freunden ins Kino.
3) Petra fährt mit dem Auto, dagegen nimmt Maria den Bus.
4) Sagen Sie mir, wer Sie sind, sonst rufe ich die Polizei.
5) Er hatte eine leichte Grippe, trotzdem ging er schwimmen.

Chapter 24

A. 1) Wissen Sie schon, dass unser Chef in Bonn studiert hat?
2) Wissen Sie schon, dass mein Vater im Lotto gewonnen hat?
3) Wissen Sie schon, dass Tiere auch singen können?
4) Wissen Sie schon, dass sie im Sommer nach Spanien reisen wird?

B. 1) Er hat die Absicht, nach Köln zu fahren.
2) Leider habe ich keine Zeit, dich abzuholen.
3) Ich freue mich, dich einzuladen.
4) Ich verspreche dir, mein Englisch zu verbessern.
5) Es ist verboten, hier zu baden.
6) Es freut mich, dich kennenzulernen.

C. 1) Ich möchte gern wissen, wie lange die Reise nach Portugal dauert.
2) Können Sie mir sagen, mit wem der Arzt gesprochen hat?
3) Ich wollte wissen, ob mein Zug auch in Frankfurt hält?
4) Meine Freundin fragte den Lehrerin, ob wir mit dem Auto fahren dürfen.

Chapter 25

A. 1) hätten 2) wärest 3) könnte
4) hätten 5) würde 6) könntet

B. 1) Wenn das Wetter besser wäre, könnten die Kinder draußen spielen.
2) Wenn ich im Lotto gewinnen würde, wäre ich reich.
3) Wenn er nicht besser Englisch sprechen könnte, bekäme er die Stelle nicht.
4) Wenn Schüler (Pl.) ihre Hausaufgaben besser machten, könnten sie bessere Noten bekommen.
5) Wenn du gestern zu Hause geblieben wärest, hättest du dein Zimmer aufgeräumt.
6) Wenn Sie mit mir ans Meer gefahren wären, hätten Sie sich gut erholen können.

C. 1) als ob er perfekt Deutsch sprechen könnte.
2) als ob er die ganze Nacht nicht geschlafen hätte.
3) als ob sie meine Mutter wäre.
4) als ob er viel Geld verdient hätte.

D. 1) Er sagte, sein Opa sei gestorben.
2) Er fragte mich, warum ich gestern direkt nach Hause gekommen sei.
3) Mein Bruder fragte sie, ob sie schon im Hotel von München übernachtet habe.
4) Die Dame sagte zu einem Herrn, ob er ihr helfen könne.

■저자 **박일균**

저자 박일균은 한국외국어대학교 독일어과 및 동 대학원을 졸업하고 독일 뒤셀도르프대학교에서 독어독문학(Germanistik) 및 번역학(Übersetzungswissenschaft)을 전공했다. 서울 경성고등학교에서 독일어, 독일 뒤셀도르프 한인학교에서 독일어 및 한국어를 강의하였으며, 현재 베를린 독일어 통번역학원에서 전임강사로 재직 중이다. 번역사로도 활동하고 있다. 논문으로는 〈문학번역의 연구 대상과 과제〉, 〈호흐후트의 파우스트 박사 연구〉 등이 있으며 다수 번역작이 있다.

The 쉬운 독일어 문법

초판 1쇄 발행 2017년 7월 25일
4쇄 발행 2024년 1월 10일

발행인 박해성
발행처 정진출판사
지은이 박일균
편집 김양섭, 조윤수
기획마케팅 이훈, 박상훈, 이민희
표지디자인 김용환
출판등록 1989년 12월 20일 제 6-95호
주소 136-130 서울시 성북구 화랑로 119-8
전화 02-917-9900
팩스 02-917-9907
홈페이지 www.jeongjinpub.co.kr
ISBN 978-89-5700-143-1 *13750

- 본 책은 저작권법에 따라 한국 내에서 보호받는 저작물이므로 무단전재와 복제를 금합니다.
- 이 도서의 국립중앙도서관 출판예정도서목록(CIP)은 서지정보유통지원시스템 홈페이지(http://seoji.nl.go.kr)와 국가자료공동목록시스템(http://www.nl.go.kr/kolisnet)에서 이용하실 수 있습니다. (CIP제어번호 : CIP2017015864)
- 파본은 교환해 드립니다. 책값은 뒤표지에 있습니다.